KB039356

공무원을 춤추게 하면
국민이 행복하다

전본희

박영사

머리말

~~~~~~~~

'중꺾마', "중요한 것은 꺾이지 않는 마음"이라는 뜻이다. 2014년 경기도 감사관 시절에 '사전컨설팅 감사제도'를 최초 도입하면서 가졌던 마음이기도 하다. 사전컨설팅 감사제도가 도입되어 시행된 지 어느덧 10년이 지나 우여곡절 끝에 감사원과 중앙부처는 물론이고 지방자치단체와 모든 공공기관에 도입되었다. 사전컨설팅 감사제도는 공무원을 포함한 공직자가 업무를 수행하면서 감사나 민원이 두려워 마땅히 해야 할 업무를 처리하지 않고 후임자에게 미루는 복지부동현상을 해결하기 위해 고안되었다. 판단이 어려운 업무에 대해 감사실에 검토를 신청하고 의견결과에 따라 업무를 처리하면 업무담당자의 책임이 면제된다. 업무담당자 입장에서는 감사나 민원을 핑계로 업무처리를 미룰 수 없고, 민원을 제기한 국민은 민원의 신속한 처리라는 혜택을 얻게 된다.

업무처리 후에 실시하는 사후감사로는 전혀 해결되지 않던 문제가 사전컨설팅 감사를 통해 해결되고 업무담당 공직자와 민원인 모두가 만족을 얻게 되었다. 업무담당자의 일 처리를 편하게 해 주니 국민도 행복해지는 것이다. 판단이 어려운 불분명한 사안은 비리에 노출되기 쉬운데, 제도적 검토를 통해 투명하게 처리되므로 부정의 소지도 원천 봉쇄된다. 우리나라 행정을 업그레이드시킬 수 있는 이러한 제도를 필자가 도입하여 시행하기 전까지는 왜 존재하지 않았던 것일까? 그 이유는 사전컨설팅 감사제도가 감사실의 '자기희생' 없이 도입되기 어렵기 때문이다. 그전에는 복잡하고 어려운 사안에 대해 업무담당자가 판단하고 책임을 졌다. 사전컨설팅 감사제도의 도입으로 이제 감사실이 어려운 문제를 대신 검토해 주고 책임도 진다. 감사실은 그동안 소위 '갑(甲)'의 위치에서 업무담당자인 '을(乙)'의 업무처리를 사후에 감사하였으나 이제는 위치가 뒤바뀐 것이다.

사전컨설팅 감사제도는 감사의 관점을 사후에서 사전예방으로, 적발하여 처벌하기보다는 문제해결로 바꾸는 방법으로 공직자를 따뜻하게 대함으로써 국민의 만족도를 높인다. 이와 반대로 그간의 감사운영을 보면 '공직기강 확립', '무관용의 원칙', '일벌백계'와 같은 용어를 사용하여 공직자에게 겁을 주고 적발 위주의 군기 잡기식의 관행이 있었다. 이런 방법으로 '복지부동'을 타파하고 '적극행정'을 도모한다고 하는데 어처구니없는 일이다. 걸리면 인정사정없이 시범케이스로 엄단하겠다고 하니 허위보고가 발생하고 보기에만 그럴싸한 형식행정이 넘친다. 이런 전근대적인 감사시스템으로는 행정을 일류로 만들 수 없다. '부드러움'이 '강함'을 이기는 법이다. 공직자의 인격을 존중하고 잘못이 있더라도 사실대로 보고하는 솔직한 공직문화가 자리 잡아야 행정이 발전한다. 감사제도의 혁신으로 공직자의 사기를 높이고 국민이 당면한 어려움의 해결에 집중하는 문제해결형 정부를 만들자는 것이 사전컨설팅 감사제도의 마인드다.

필자는 행정고시 재경직에 합격한 후인 1995년 감사원에서 공직생활을 시작했고, 2013년 7월 경기도 감사관으로 근무하면서 사전컨설팅 감사제도를 도입하고 시행하였다. 그 후 감사원으로 복귀하여 2022년 3월 명예퇴직하였고, 현재 한국콘텐츠진흥원 상임감사로 근무하고 있다. 감사원 밖을 나와 사전컨설팅 감사가 운영되는 실태를 경험해 보니 필자의 기대에 훨씬 미치지 못하였다. 사전컨설팅 감사제도가 어떠한 원리와 의미를 갖고 얼마나 중요한지, 또 어떻게 우리나라의 행정을 바꿀 수 있는지에 대한 지식과 확신이 부족하다. 정부 차원에서 제도를 보급하다 보니 수동적으로 따르는 모습이다. 사전컨설팅 감사제도를 도입하게 된 행정현장의 절실한 상황과 논리, 어려움을 뚫고 혁신적인 제도를 추진했던 개혁마인드,

사전컨설팅 감사 마인드가 지향하는 문제해결형 정부에 대한 이해부족이 그 원인으로 생각된다. 이 책은 사전컨설팅 감사제도의 정확한 이해를 통해 그 마인드를 확산시키고 공직사회에 생동감을 불어넣음으로써 궁극적으로 국민을 행복하게 하는 문제해결형 정부를 만들어야겠다는 의무감과 사명감에 따라 집필되었다.

아무쪼록 감사제도 개선에 관심이 있는 모든 공직자, 감사부서 직원, 행정혁신과 감사제도를 연구하는 행정학자 그리고 혁신적인 문제해결형 정부를 바라는 국민 모두에게 도움이 되기를 바란다.

목 차

01

사전컨설팅 감사와
감사개혁 스토리

공무원을 춤추게 하면 국민이 행복하다

감사원에서 근무하다 갑작스럽게 개방형 경기도 감사관으로 이직하여 사전컨설팅 감사제도를 최초 도입하고 시행하는 과정과 경기도 감사개혁 활동을 담았다. 감사원으로 복귀하였다가 한국콘텐츠진흥원 상임감사로 부임한 후 공공기관 감사실의 역할을 재정립하는 과정도 소개한다.

개방형 감사관 제도 도입이라는 변화의 바람을 타고 경기도 감사관이 되다 보니 감사가 복지부동과 소극행정의 원인이 된다는 주장이 이해되었다. 경기도 감사관실부터 적발 위주의 일방적 감사문화로부터 탈피하기 위해 "깨끗·스마트하고 배려하는 감사"운동을 시작했다. '부패행위', '금품·향응', '징계'와 같은 부정적인 내용이 적혀있던 명함 및 홍보마우스 문구를 '적극·현명', '경청·배려'와 같은 긍정적인 문구로 바꾸었다. 감사실적 평가시스템은 단순 지적이 아닌 문제해결에 집중하도록 고쳤다. 소극행정 방지와 국민에게 만족을 주는 감사사항을 개발하여 감사성과를 높였다. 경기도처럼 감사를 하면 소신껏 열심히 일할 수 있겠다는 좋은 반응이 나왔다.

경기도 감사관으로 이직이 없었다면 사전컨설팅 감사와 같은 제도를 만들 생각이 전혀 없었을 것이다. 경기도에 근무하다 보니 "사후에 깨알같이 감사하지 말고 그 노력으로 업무담당 공무원이 안심하고 일할 수 있도록 사전에 감사의견을 달라"라고 하는 일선 행정현장의 목소리를 알게 되었고 이것이 생각을 바꾸게 하였다. 업무처리 전에 미리 감사의견을 내면 업무책임을 대신 지게 되는 부담이 있다. 반면 일선 공무원들이 힘들게 요청하는데도 책임이 두려워 그들의 의지처가 되지 못하고 사후감사만 하겠다고 하는 것은 떳떳하지 못하다는 자책감이 생겼다. 고심 끝에 감사관 한 명이 책임지면 수만 명의 경기도 관내 공무원으로 하여금 감사부담 없이 일하게 할 수 있는 보람 있는 일이라는 판단이 섰다. 세상에 없던 제도이고 다른 사람에게 시키기도 어려워 사전컨설팅 감사제도를 도입하는 감사개혁방안에 관한 초안을 직접 작성하였다.

사전컨설팅 감사제도를 처음 도입할 당시 세상에 없는 제도인 관계로 많은 오해와 어려움이 있었다. 민원해소 명목으로 자기들끼리 멋대로 업무를 처리하고 책임도 면제하는 제도라는 오해를 받기도 했다. 일부 공무원은 잘못 처리한 업무를 미리 신고해야 하는 것으로 이해하였다. 감사실의 업무가 가중되고 감사의견 제시에 따른 책임을 부담하게 되는 것도 문제가 되었다. 새로운 혁신 상품을 홍보하기 위해 시·군을 직접 찾아가 설명하였다. 감사책임자 회의 등을 통해 감사원이 사전컨설팅 감사제도를 지원하도록 건의했다. 감사관이 모든 사안에 대해 판단하고 전결처리하는 방식으로 제도를 설계하여 감사실 직원의 불안감을 해소시켰다. 사전컨설팅 감사제도는 판단이 어려운 민원에 대해 감사관실이 책임지고 감사의견을 내고 이를 토대로 일선부서가 안심하고 업무를 처리하는 적극행정 마인드에 기초한다. 이를 확산시키기 위해 '기업애로기동해결단'을 창단하였고 수많은 기업민원을 해소하였다.

규제개혁 관련 장관회의 생방송 도중 대통령이 사전컨설팅 감사제도를 칭찬하고 감사원이 확대방안을 강구하라는 당부를 하여 각종 오해가 사라지고 대표적인 혁신사례가 되었다. 사전컨설팅 감사를 통한 적극적인 민원해결과 홍보활동에 힘입어 경기도가 광역지자체 중 청렴도 1위에 올랐고 필자는 청와대에 초청되어 대통령 표창을 수상하기도 했다. 감사원도 사전컨설팅 제도를 공식으로 받아들이고 이제는 찾아가는 사전컨설팅 서비스까지 제공하고 있다.

2022년 3월 감사원을 퇴직하고 한국콘텐츠진흥원의 상임감사로 부임하였다. 사전컨설팅 감사제도가 제대로 운용되지 않는 점을 확인하고 규정 등 제도정비와 함께 제대로 운용되게 하였다. 직원제안 감사공모제도, 적극행정대상 공모제도 등 다양한 적극행정시책을 추진하여 두려움 없는 적극행정 문화를 조성하고 있다. 직원들로부터 사랑받는 감사실을 만들겠다는 목표를 세웠다. 2022년 말 실시한 자체감사 만족도 조사 결과 전년 대비 21%가량 상승하였다. 국민권익위원회 청렴연수원 등록 청렴전문강사 시험도 합격하여 '솔선수범'과 '좋은 직장만들기'를 위해 노력하고 있다.

1. 뜻밖의 여정을 떠나다
: 경기도 감사관으로의 이직과 관점의 변화

가. 삼청동산에서 키운 감사역량

필자는 1995년 수습행정사무관 시절 부서배치를 통해 감사원에서 공직을 시작했다. 감사원이 위치한 삼청동은 봄이면 벚꽃이 만발하여 화사함을 더하고, 가을에는 형용하기 어려운 다양한 색을 뽐내는 단풍의 정취가 있다. 겨울에 인왕산의 큰 바위에 내려 있는 눈을 보면 한 폭의 동양화를 보는 듯했다. '삼청동산'이라 불렀다. 지방으로 감사 출장을 나갔다 돌아오면 어느새 계절이 바뀐 경우가 많았다. 감사결과를 기한 내에 처리하느라 눈코 뜰 새가 없어 이러한 계절의 정취를 느낄 만한 여유를 갖지 못했다는 점이 항상 아쉬웠다.

감사업무는 한편으로 규정을 따지는 보수적이고 답답한 면이 있다. 그러나 다른 한편으로 파급력 있는 제도개선 성과를 내려면 종합 분석하는 기획 능력과 함께 기존의 관념을 깨는 큰 시각을 가져야 한다. 이런 측면에서 감사업무는 보수성과 개혁성을 동시에 갖는다. 회계자료를 세세히 조사하여 불법 금융범죄를 밝히기도 했고, 사업을 종합 분석하여 제도개선을 시킨 경우도 있었다. 모든 정부 업무를 다루고 한 분야의 감사가 끝나면 다른 분야에 대한 감사를 준비해야 하므로 계속 배워야 할 공부량이 많았다. 호기심이 많은 성격 탓에 이러한 다양한 업무를 배워가는 재미가 있었고 감사업무에 열정을 보였다. 5급 부감사관 시절에 감사실적 우수로 감사원장 표창 2회, 감사업무 발전으로 대통령 표창을 1회 수상하기도 했다.

다른 기관으로의 이직은 생각해 본 적이 없었다. 그런데 행정기관 내부의 자체감사를 강화하기 위해 내부 감사책임자를 외부인으로 임명하는 개방형 감사관 바람을 타고 2013년 3급 부이사관 승진 직후 개방형 경기도 감사관 응모를 권유받았다. 처음에는 당황했고 감사원 생활을 하다가 지방자치단체로 이직하여 잘 적응할 수 있을지도 고민되었다. 일단 응시서류를 접수하였는데 면접시험 결과가 잘 나와 최종 합격을 통보받았다. 이것도 내 팔자라는 생각에 일선행정을 담당하는 지방자치단체에서 감사기구의 장으로서의 경험을 쌓고 그동안 쌓은 감사역량도 발휘할 수 있을 것이라는 긍정 마인드를 갖기로 했다. 1998년도부터 2000년도까지 2년여 동안 경기도를 담당하는 감사부서에 근무하면서 나름 명감사관이라는 소리를 들은 경험도 있었다.

당시 경기도 관내 시·군의 고위간부 비리를 잘 적발해서인지 시·군 감사를 나가면 하위직원들이 은밀하게 감사정보를 흘려주기도 했다. 감사를 잘하니 생각하지 못한 정보도 얻게 되어 또다시 감사성과가 좋아지는 선순환 구조도 만들어졌다. 다만, 징계사건을 많이 하다 보니 강성의 단호하다는 이미지도 형성되었다. 처음 경기도 감사관에 부임했을 때 필자의 이미지 정보가 알려져 있어 직원들이 다소 긴장하기도 했다.

나. 경기도 감사관 이직에 따른 관점 변화

경기도는 인구가 1,300만 명이 넘는 우리나라 최대 광역자치단체이고 관내 시·군이 31개에 달한다. 공무원 수도 소방을 포함하여 도 본청이 1만 6천명이 넘고, 시·군 공무원 수도 5만 명이 넘는다. 당시 경기도 감사관실은 과가 3개였고 100여 명의 인력이 근무했다. 나중에 과가 1개 증설되어 4개 과, 20개 팀으로 운영되었다. 경기도 감사관의 임무를 수행하기 위해 정든 삼청동을 떠나 경기도 수원의 관사 아파트로 이사를 했다.

경기도청으로 출근하면서 감사원에서의 감사관 생활과 경기도에서의 감사책임자 생활은 확연히 다르다는 사실을 깨닫기까지는 그리 많은 시간이 필요하지 않았다. 먼저 감사환경이 크게 달랐다. 감사원은 헌법과 법률에 따라 독립성이 보장되는 국가최고 감사기구이므로 자기 업무만 충실히 하면 특별한 문제가 없는 한 외부의 간섭도 별로 없다.

반면, 경기도는 우리나라 최대규모의 지방자치단체로서 각종 개발행정과 민원이 폭주하고 감사원 감사, 중앙부처 감사, 국민권익위원회 부패 관련 점검, 총리실의 복무점검, 도의회 감사 등 각종 감사를 수감해야 했다. 도의원도 100명이 넘었고 도청 내에 상주하는 언론사도 감사원에 비해 몇 배가 많았다. 중앙정부의 감사, 도의회의 통제, 언론의 감시라는 삼중의 간섭과 통제 외에도 악성 민원인에 시달리는 경우도 많았다. 경기도 산하 공공기관과 31개의 시·군에 대해서는 감사를 실시해야 하는 입장이었다.

감사원에서 내부감사 외에 감사를 받은 경험이 없다가 감사를 받는 입장이 되어 보니 스스로를 되돌아보는 계기가 되었다. "세금 쓰이는 곳에는 철저한 감사가 있어야 한다"라는 생각을 갖고 있어서 감사를 받는 수감자의 입장을 생각해 본 적이 별로 없었다. 감사를 받는 공무원이 힘들다고 자료제출을 빨리 하지 않으면 감사를 피하려 핑계를 대는 것으로 보였고 오히려 감사강도를 높인 적도 있었다.

경기도에서 행정현장을 지켜보니 대규모 어려운 사업을 추진하는 경우 일도 힘든데 집중적인 감사까지 받는 이중고에 시달린다는 것을 알게 되었다. 경기도 직원들이 업무를 추진할 때 감사를 의식해서 적극적이고 생동감 있게 업무를 수행하지 않는 것은 감사가 적발 실적 위주로 다소 억압적으로 진행된 데에도 그 원인이 있는 것으로 보였다. 감사원 근무시절의 후배 감사관이 감사를 나오더라도 소위 힘 있는 '갑(甲)'으로 느껴졌고 기분 상하지 않도록 신경을 써야 했다. 감사를 하는 기관과 감사를 받는 기관의 위상 차이를 몸소 체험했다. 명감사관이라는 소리를 들으면서 기백이 좋았던 감사원 출신의 감사관도 이러한 분위기를 느끼는데 다른 직원들은 어떠할까?

감사자가 아무리 친절하고 부드러워도 감사는 그 속성이 잘못을 찾아내려는 것이다. 감사를 받는 사람은 항상 '꼬투리를 잡히면 힘들어진다'라는 생각이 있어 말과 행동을 조심하게 된다. 상황이 이러하므로 감사자의 말투나 행동에 약간이라도 명령투가 있는 경우 그 자체로 고압적이라고 느끼는 것이다.

▌표 1 감사하는 입장과 감사받는 입장의 차이

감사하는 입장	감사받는 입장
• 세금 쓰이는 곳에 감사는 당연 • 감사받기 싫어서 하는 변명에 불과 • 부패방지를 위해 강도 높은 감사 필요	• 일하는 사람이 감사도 많이 받는 이중고 • 소극행정과 복지부동을 조장 • 적발 실적 위주의 억압적 감사

돌이켜보면 감사제도 운영은 전적으로 중앙정부의 몫이었다. 국가최고 감사기구인 감사원은 우리나라 감사제도 및 운영 전반을 관장하고 각급 감사기구를 점검한다. 중앙부처도 합동감사, 소관업무 감사 등을 통해 지방자치단체에 대한 감사를 수행한다. 지방자치단체는 감사원을 비롯한 중앙부처의 각종 감사를 어떻게 잘 받느냐에 관심을 가졌고 감사제도의 개선은 꿈도 꾸지 못하였다.

경기도 감사관으로서 처음 감사를 받으면서 느낀 감사에 대한 소감은 우리나라 감사행태와 방식이 '소극행정'을 조장하고 '복지부동'이라는 공직사회의 나쁜 문화를 뿌리내리게 하는 데에 기여했다는 것이다. 그럼에도 불구하고 감사는 원래 불편한 것이고, 감사가 복지부동을 야기하였다는 것은 감사를 받기 싫어하는 감사대상자들의 변명에 불과한 것으로 치부되었다. 혹여 부정부패 관련 사건이라도 터지면 '공직기강 확립'과 '무관용의 원칙', '일벌백계' 등의 단어를 들먹이며 기존의 감사관행과 행태를 더욱 강화하기만 할 뿐이었다.

2. 새 씨앗을 뿌리다
: 깨끗·스마트·배려하는 감사개혁 캠페인의 시작

가. 깨끗·스마트·배려하는 감사관실

감사품질관리 시스템이 갖추어지지 않은 일선기관의 자체감사가 통상 그러하듯이 당시 경기도 감사관실의 자체감사도 다소 일방적이었다. 시·군에 대한 감사를 실시하고 징계를 요구하는 사항의 70~80% 정도는 근거가 불명확하거나 무리가 있다고 판단되었다. "왜 감사결과가 이러냐"라고 한 직원에게 물어보았더니 감사 종료시점이 되어 감사반의 팀장이 "밥값 하자"라고 해서 경미한 사안도 징계로 올리게 되었다고 한다. 당시 상급기관이 하급기관에 감사를 나가면 말을 잘 듣도록 하기 위한 군기 잡기식의 감사문화가 있었다.

아래 표에서 보는 것과 같이 감사 입건사항에 대해 신중하고 복잡한 처리절차와 서면에 의한 의견수렴을 필수적으로 거치는 감사원에 비해 자체감사기구는 간편한 절차를 거쳐 감사결과가 나온다. 자체감사기구는 순환보직에 따라 감사업무를 담당하는 직원들로 구성되어 감사전문성이 떨어지고 인력도 소수여서 품질관리가 되지 않은 채 감사자의 주관이 많이 반영된 감사결과가 나올 수 있다.

▌표 2 감사원과 자체감사기구 간 감사 프로세스의 차이

	감사원	자체감사기구
검토과정	담당 감사관 → 과장(감사단장) → 국장 → 감사품질담당관 → 심의실장 → 차장 → 총장 → 감사위원회	담당 감사관 → 과장 → 국장(감사관)
의견수렴	질문서, 답변서 필수	질문서, 답변서 없이도 조치 요구

어처구니없는 상황이지만 일일이 개별 사안에 대해 감사자들과 다투기에
는 한계가 있어 2013년 7월 감사관 부임 직후부터 "깨끗·스마트·배려하
는 감사를 하자"라는 캠페인을 시작하였다. '깨끗'은 공정과 청렴, '스마트'
는 감사역량과 문제해결 능력, '배려'는 소통과 역지사지를 의미한다. 공정
하고 현명하게 어려운 문제를 해결하고 역지사지의 자세로 감사에 임하자
는 것이다. 사무실 앞에 "깨끗·스마트하고 배려하는 감사관실"이라고 크게
써 붙여 놓았다.

▌ 표 3 깨끗·스마트하고 배려하는 감사 캠페인

깨끗	부패하지 않고 공정 투명하게 업무를 처리하는 것은 기본
스마트	어려운 일도 적극적이고 현명하게 해결, 핵심을 파헤쳐 문제만 정확하게 제거
배려	역지사지, 경청의 자세, 적극적 소통

나. 명함과 홍보물의 청렴문구 및 평가시스템 개선

한편 부임하자마자 명함을 받았는데 명함 뒷면에 '부패', '금품·향응',
'이권개입' 등을 하지 않겠다고 쓰여 있었다. 당시 도지사가 청렴과 반부패
의지가 강력해서 명함 뒷면에 "부패행위를 하지 않고 투명하고 책임 있게
업무를 처리하겠습니다"와 같은 부패방지 관련 문구를 넣었고, 홍보용 마
우스패드에도 공무원 행동강령과 처벌내용을 넣었다. 나쁜 행위를 하지 않
겠다면서 이런 부정적 단어들을 사용하면 사람들은 오히려 혹시 이런 나쁜
행위를 하는 것 아니냐는 의구심을 일으킨다. 역효과가 난 것이다.

문구를 바꾸려고 했더니 "도지사가 다 검토한 문구여서 바꾸면 큰일이
난다"라고 하면서 직원들이 문구변경을 반대했다. 필자는 이러한 부정적

처벌 위주의 문구로는 청렴도 향상이 어렵다는 판단이 서서 "내 책임하에 바꿀 테니 더이상 논의하지 말아달라"라고 했다. 명함과 홍보물의 문구를 "정정당당", "적극·현명", "경청·배려"와 같은 긍정적 단어로 바꾸었다.

< 명함 뒷면 문구 사례 >

부정적 문구를 긍정적으로 바꾸니 훨씬 이미지가 좋아지고 마인드도 밝아졌다. 문구를 바꾸면 안 된다던 직원들이 필자의 명함 뒷면의 내용을 그대로 카피하여 사용하기도 했다. 명함 뒷면 문구와 청렴 홍보 마우스패드의 문구 변경은 필자가 사전컨설팅 감사제도를 홍보하기 위한 시·군 강연회를 할 때 우선 할 수 있는 감사문화 개선사례로 소개하였다. 강연을 듣던 공직자들이 이구동성으로 관점의 변화가 있었다고 무척 좋아했다.

감사실적 평가시스템도 고쳤다. 징계요구사항은 20점 정도 주는 반면, 전문지식과 경험을 활용하여 복잡하고 어려운 문제를 해결하면 100점을 주는 식이다. 이런 방식으로 감사를 실시했더니 2014년 초 ○○시 종합감사 후 ○○시 내부게시판에 감사관실에 대한 칭찬의 글이 많이 올라왔다. 일을 많이 하면 남는 게 감사밖에 없다고 하는데 경기도처럼 감사하면 소신껏 열심히 일할 수 있겠다는 내용이었다. 통상 감사 후에는 감사 때문에 힘들다거나 일을 못 하겠다며 감사를 비난하는 글이 내부게시판에 올라오곤 하는데, 이와 반대로 칭찬의 글이 올라온 것이다. 경기도 감사가 달라졌다는 내용으로 이를 기사화한 언론도 있었다.

내부게시판 감사 관련 사례 글

- 공무원 일 많이 하면 남는 게 감사밖에 없다며 몸조심하라는 말을 많이 듣곤 합니다. 이번 경기도 감사처럼 감사받는다면 일 추진하는 과정에서 혹시 감사를 받게 된다 할지라도 소신껏 일 열심히 해야 한다고 떳떳이 말할 수 있겠습니다.

- ○○시 감사는 꼭 뭔가를 잡으려고 했던 것 같았는데…, 경기도 감사는 깔끔하게 잘못된 것만 지적하고 합리적으로 말이 통해서 좋았습니다. 경기도가 역시 달라도 많이 다른 것 같습니다. ○○시도 직원에게 부담 안 주고 핵심만 감사하는 분위기로 바뀐다면 정말 감사한 마음으로 신나게 일할 수 있을 것 같습니다.

- 이전에 진행된 감사에 비해 사후관리보다는 사전관리, 처벌보다는 예방 목적으로 진행되었다는 느낌이다. 사실 업무를 진행하다 보면 법령을 해석하는 데 있어 혼자 결정을 내리기가 어려운 부분이 많았고 업무방향이 옳게 나아가고 있는지 점검을 받을 기회도 필요했다. 이번 감사기간 동안 나에게 업무 멘토가 생긴 느낌이었다. 항상 감사기간은 피하고 싶은 기간이었으나 이번 감사만큼은 하나라도 더 물어봐야지라는 생각이 강했던 것 같다.

3. 현장에서 국민을 느끼다
: 소극행정 방지와 국민안전 감사사항의 발굴

가. 소극행정 기획감사 실시

적극적으로 일하면 감사를 많이 받고 소극적으로 일하면 감사도 안 받는다는 일선 직원의 불만이 있었다. 주요 사업추진이나 보조금 집행과 같은 통상적인 감사만 하고 일하지 않는 공직자의 소극행정에 대해서는 감사를 하지 않는다는 것이다. 소극행정은 일을 제대로 하지 않는 것이므로 행정내부의 서류에 기록되어 있는 것이 없다. 서류가 없으니 감사를 한다고 해서 적발할 수 있는 것이 아니다. 이를 어떻게 접근할 수 있을까 연구하던 끝에 예전에 읽어 본 행정심판 결정서에서 행정심판을 제기한 사유 중 공무원의 잘못된 업무처리가 기술되어 있었던 것이 생각났다. 경기도 행정심판위원회에 접수된 사건 중 행정심판이 인용된 2개년도 사건 등을 분석하였더니 43건의 소극행정을 찾아낼 수 있었다. 건축허가에 필요한 모든 요청서류를 제출했는데도 '주변경관 훼손'과 같은 납득할 수 없는 명목으로 허가를 하지 않거나, 민원해결이 가능한 별도 규정이 있는데도 이를 적용하지 않는 등 다양한 소극행정이 확인되었다.

<소극행정에 대한 기획감사>를 통해 공무원의 복지부동이나 소극행정을 적발해 내는 성과가 나오자 이를 언론 브리핑하였다. 인허가를 지연하는 등 복지부동이 적발되었다는 언론보도가 나오게 됨에 따라 소극행정에 대해 경종을 울릴 수 있었다.

나. 안전취약분야 기동감사

안전한 경기도를 만들기 위해 단순 지적을 넘어 실질적으로 국민안전에 도움을 줄 수 있는 감사사항도 발굴했다. 다중이용시설에 대한 <소방안전 점검실태감사>, <감염병 관리실태 감사>, <등하굣길 어린이 안전실태 감사>가 그것이다.

<소방안전 점검실태감사>의 경우 감사원에서 안전관리실태 감사를 한 적이 있었는데, 대형 다중이용시설의 스프링클러 등 초기화재 진압시설이 잘 작동되지 않는 경우를 경험했기 때문이다. 당시 소방안전 관계자와 대화 중에 그 이유를 물었더니 "계속해서 입점업체가 바뀌면서 신규업체의 실내인테리어 공사가 연중 발생합니다. 그 과정에서 소방설비를 잘못 건드리면 스프링클러가 터지는 등 오작동이 생겨 피해가 발생할 수 있습니다"라고 들었던 기억이 있었다. 이처럼 오작동을 방지한다는 사유 등으로 자체소방시설의 가동을 중지시켜 놓은 경우가 있었다. 화재는 초기 5분 이내의 자체설비에 의한 진압이 중요한데, 사람들은 소방설비가 작동되지 않을 수 있다는 점을 모르기 때문에 건물 안 혼잡한 인파 속에서도 안심하는 것이다.

이러한 문제를 방지하기 위해서는 꾸준한 자체소방시설에 대한 현장점검이 필요하므로 감사를 실시하였고, 다중이용시설의 소방안전 점검용역을 수행하는 민간업체의 허위보고 사례 등의 문제점을 발굴하고 개선하였다.

<감염병 관리실태 감사>의 경우 감염병이 발생하면 의료기관이 즉시 신고하고 역학조사 등이 철저히 이루어져야 대규모 집단발병을 예방할 수 있다. 문제는 의료기관이 감염병 발생을 공식 신고하지 않는 경우가 있는데도 이에 대한 점검이 제대로 이루어지지 않는 점이었고 감사를 통해 일부나마 개선조치했다.

<등하굣길 어린이 안전실태 감사>의 경우 초등생 학부모가 가장 걱정하는 것이 등하굣길 어린이 안전인데도 이와 관련된 기관이 많아 촘촘한 행정이 미흡하였다. 녹색어머니회 회원들과의 '안전한 어린이 등하굣길 현장 토크', 학교장 면담 등을 통해 문제점을 발굴하였다. 통학구역 배정, 교통신호체계, 도로 시설물 관리 등에 대해 세심한 점검을 하였고 1천 건 이상의 안전취약시설을 개선하였다.

이상의 세 가지 감사사항은 당시 국민의 입장에서 절실하게 적극 행정이 필요한 분야인 데에 반해, 행정기관의 입장에서는 어렵고 힘든 업무여서 피하고 싶고 소극행정이 발생하는 분야였다.

▌표 4 소극행정 방지 및 국민만족 감사사항

감사사항명	감사 사유
소극행정 기획감사	행정편의적인 일 처리로 민원인에게 피해를 입힌 사례 발굴
소방안전 점검실태	다중이용시설의 자체소방시설에 대한 현장점검 필요
감염병 관리실태	감염병 발생 신고 소홀로 인한 감염병 확산 방지
등하굣길 안전실태	관련 기관이 많아 기관 간 업무 회피

감사결과를 발표했을 때 언론의 호응도 좋았고 특히 <등하굣길 어린이 안전실태 감사>에 대하여 많은 학부모들이 감사를 표하기도 했다. 나중에 알게 되었지만 국민의 실생활에 도움을 주는 감사 실시로 언론의 호감도를 높인 것이 2014년도에 국민권익위원회 청렴도 평가 시 경기도가 전국 광역지방자치단체 중 1등을 차지하게 된 하나의 원인이 되었다.

다. 규제개혁 노력의 체감도가 낮은 이유

적극행정과 관련하여 정부의 규제개혁 노력은 기업 하기 좋은 환경을 만들고 민생안정을 지원하기 위해 필요한 국가적 중요 문제다. 그럼에도 규제개혁 업무가 추진되는 지방자치단체의 행정내부의 실태를 살펴보면 많은 부분이 형식적이고 보여주기식이다.

우선 규제개혁 담당부서를 만들고 법규 개선 요구사항을 관리한다. 규제는 국민에게 불이익을 줄 수 있으므로 법, 시행령, 규칙 등에 근거가 명확하여야 하고, 이에 대한 변경은 국회나 중앙정부의 몫이다. 법규가 만들어진 데에는 그 이유가 있고, 법규개정으로 불이익을 받는다고 생각하는 관련 이익단체나 지방자치단체 등의 반대로 개정하기 쉽지 않다. 고쳐져도 개정을 주장하는 측이 충분히 만족하기 어려운 타협수준에서 결론이 나는 경우가 많다. 지방자치단체는 법규개정을 건의할 뿐 이를 고칠 권한은 없어 규제개혁 업무담당부서는 자체 독자적인 업무성과를 내기 어렵다. 계속해서 법규개정을 건의하던 중 혹여 국회나 중앙부처에서 여론형성에 힘입어 원하는 대로 법규를 고치면 이를 자기 실적으로 관리한다. 물론 국회나 중앙부처는 법규개정을 자기의 실적으로 잡는다. 규제완화 효과를 갖는 법규개정은 수년에서 수십 년이 걸리는 경우가 많고 법규개정이 있다고 하더라도 이를 개정할 권한이 없는 지방자치단체의 고유 실적으로 삼기에는 무리가 있다.

이처럼 규제개혁 법규의 개정은 국회 및 중앙정부 소관사항으로 오랜 시간에 걸쳐 드물게 수용되고 획기적 변화는 별로 없는 데 반해, 전국 지자체는 전담조직까지 만들어 매일 규제개혁 성과를 외치고 있어 일반 국민은 형식행정의 피곤함을 느낀다.

한편 지방자치단체 차원에서 법규의 개정 없이 추진할 수 있는 실체적인 규제개혁은 별로 없는 상황에서도 규제개혁에 대한 평가는 매년 이루어지고 있고 우수기관도 선정된다. 그래도 평가할 수 있는 요소는 규제개혁 부서 설치 여부, 규제개혁 업무에 대한 인력 및 예산 투입 정도, 규제개혁 계획 수립, 규제개혁 관련 교육시간과 횟수, 회의 및 간담회, 워크숍, 법령 개정에 따른 자치법규 개정 등의 실적이다.

이러한 행정 내부적인 평가 요소는 그 실적이 높게 나온다고 해도 국민의 생활과 기업의 활동에 별 도움이 되지 않는다. 일선 행정현장에서 지방자치단체의 규제개혁 노력을 체감하기 어렵다. 평가를 잘 받기 위해 전국 지방자치단체마다 규제개혁 전담부서를 설치하고 법규개정 수요사항을 발굴하여 중앙정부 등에 전달하는 업무를 수행하고 있으나 성과가 크지 않아 '조직 늘리기'라는 비판도 가능하다. 설령 법규가 개정되어도 법적 요건이 불분명하게 규정된 경우 이에 대한 판단이 어렵고 특정인에게 허용할 경우 기존과의 형평성에 문제가 발생하여 감사대상이 된다는 사유로 현장에서는 변화가 별로 없다.

규제로 인해 민원이 있는 일반 국민의 입장에서는 법규가 개정이 되어야 자기 민원이 해결된다는 것을 잘 알고 있다. 다만, 자기 민원에 대해 공무원이 진심으로 대하고 행정편의주의를 떨치고 적극적인 모습을 보일 때 행정이 변했다고 느낀다. 공직자가 민원인을 진심으로 대하고 행정편의주의를 떨치는 행태가 어떤 것이냐는 의문이 있을 것이다. 앞으로 전개될 사전컨설팅 감사 신청에 따른 업무처리 절차와 마인드를 읽고 나면 의문이 해소될 수 있다.

▌표 5 정부규제 개혁 노력을 국민입장에서 체감하기 어려운 이유

구분	국민이 느끼는 체감도
규제관련 법규 개정	국회 및 중앙정부 소관사항으로 오랜 시간에 걸쳐 드물게 수용되고 획기적 변화는 별로 없는 데 반해, 전국 지자체는 전담조직까지 만들어 매일 규제개혁을 외치고 있어 형식행정으로 느낌
규제개혁 평가	실제적인 규제개혁은 없어도 전담조직, 계획 수립, 규제정보 관리 및 제공, 성과 전파 등의 평가 지표에 따라 매년 규제개혁 우수 기관을 선정, 홍보하고 있으나 주로 행정내부적인 요소에 대한 평가로 일반 국민은 그 효과를 느끼기 어려움
공무원의 업무행태	일반 국민은 자기 민원에 대해 공무원이 진심으로 대할 때 행정이 바뀌었다고 생각하나 감사 등을 핑계로 하는 공무원의 행정편의주의적 입장은 변함이 없고 규제개혁된 법규가 모호한 경우 또다시 소극행정 발생

4. 일선의 목소리를 듣고 세상에 없는 상품을 만들다
: 사전컨설팅 감사제도의 창안

가. 감사원 출신 감사관에 대한 기대

개방형 경기도 감사관 직위는 필자가 부임하기 전부터 감사원에서 부임하였고 필자는 4번째다. 김문수 지사 시절에 경기도의 청렴도 수준을 높이기 위해 내부 직원을 배제하고 외부 감사원 출신을 기용한 것이다. 기존 감사원 출신 감사관들이 감사업무를 잘 수행해서인지 필자에 대한 기대도 컸다. 감사부담 때문에 일 추진이 원활하지 않으니 감사실에서 미리 사업추진을 검토하고 그 의견을 줄 수 없느냐는 문의를 하는 직원도 있었다. 행정2부지사도 업무설명 과정에서 일선부서에서 요청하는 경우 감사실이 사후에 감사할 것이 아니라 미리 의견을 줄 수 있느냐고 묻기도 했다.

필자는 미국 감사원에서 5개월여 기간 동안 성과감사 교육을 받은 경험이 있어 영미권 선진국의 감사시스템을 어느 정도는 알고 있었다. 우리나라는 물론이고 영미권에서도 업무처리 후에 이를 점검하는 방식으로 감사가 이루어지고, 업무처리 전에 신청에 따라 미리 공식적인 의견을 주는 제도는 없다. 전 세계의 다른 어떤 나라에서도 이러한 방식의 감사제도를 운영한다는 소리를 들어보지 못했다. 뿐만 아니라 업무처리 전에 미리 공식적 의견표명을 하는 경우 검토나 판단이 잘못되었을 때 이에 따른 책임을 감사실이 지게 되므로 감사실 직원 어느 누구도 이를 찬성하기 어려웠다. 그러던 중 알고 있던 일선부서 직원으로부터 "사후에 감사를 할 때는 감사 적발을 위해 감사대상 업무에 대해 그렇게 깨알같이 훑으면서 그 노력으로 사전에는 미리 검토해 줄 수는 없나요?"라는 불만을 듣게 되었다. 상당히 당황했고 이 말이 계속해서 머릿속에 맴돌았다.

맞는 말이었다. 업무 기안을 담당하는 하급 직원이 일을 제대로 처리하고 싶어도 명확하지 않은 규정이나 상황판단이 어려운 경우가 있다. 자기 나름의 방향을 잡아 일을 처리해야 하는데, 이러한 경우 나중에 감사지적 대상이 될 수 있는지 알고 싶은 것이다. 자기는 지금 당장 일을 처리해야 하는데 감사실에서 이를 검토해 주기가 어렵다거나 판단하기 애매하다고 답변한다면 심각한 논리적 모순이 발생한다. 실제로 감사실에서 판단이 어렵다는 평가를 내린 사안이라면 사후에 문제가 발생해도 감사를 하면 안 된다. 업무담당자와 감사실 모두 판단이 어려운 사안이어서 어쩔 수 없이 당시 최선의 판단하에 하나의 방안을 선택했는데, 사후에 "그때의 판단이 잘못되었다"라는 식으로 감사를 하는 것은 '지적을 위한 감사'다. 역지사지 (易地思之)가 되지 않은 것이다. 감사실이 그 업무를 담당했어도 발생할 수 있는 실수에 대해서도 사후평가하여 책임을 묻는 것이 현실이다. 감사실은 업무처리 전에 어떤 상황인지에 대해서는 관심이 없고, 사후에 문제가 발생하면 완벽한 일 처리가 아닌 것으로 처리한다. 문제가 발생했으니 "운이 없었다고 생각해라"라는 식으로 업무담당자가 받아들이기 어려운 과도한 문책을 한다. 일선 공무원들 중에 "감사실 앞으로는 지나가기도 싫다"라고 말하는 경우도 보았는데 이러한 감사방식을 극도로 혐오해서다. 이런 감사 행태로 인해 일선 공무원들은 감사실에 미리 의견을 요청하여 투명하게 일을 처리하고 싶고 "이렇게 힘든 사안을 처리하는데 나중에 뒤통수를 치는 식으로 문책하지 말아 달라"라고 하소연을 하는 것이다.

┃ 표 6 일선 공무원이 감사실의 의견을 사전에 구하는 이유

구분	내용
감사역량의 배분	사후 적발을 위한 노력의 일부를 사전에 사용해주도록 요청
판단이 어려운 사항에 대한 사후책임	판단이 어려워서 답변을 하지 못하는 경우라면 그 판단 결과에 대한 책임을 추궁하는 것은 모순
업무처리의 투명성	감사실의 공식 검토를 거치는 경우 투명한 업무처리 가능

지방자치단체의 일선 공무원이 힘들게 요청하는데도 그 사람들의 의지처가 되지 않고 책임이 두려워 미리 감사의견을 주지 않고 사후감사만 하겠다고 하는 것은 떳떳하지 못하다는 생각이 들었다. 다시 한번 깊이 생각해 보았다. 그동안 감사업무를 수행하면서 그 과정에서 발생하는 각종 어려운 문제에 대하여 신속하게 현명한 판단을 내린 경험도 많았다. 감사원 근무 시 필자의 판단이 결재과정에서 바뀌는 일도 별로 없었다. 대기업 관련 사항이나 소위 빽 있는 사람의 문제점을 발견하여 이들의 전방위적인 압력을 뚫고 굳세게 감사결과를 지킨 굴하지 않는 의지와 지혜도 있다.

그렇다면 감사실 직원들이 싫다고 하더라도 직원들에게는 사실관계 확인 등 보조역할만 수행하게 하고 내 책임하에 판단을 내리고 책임을 지는 방식이라면 가능하겠다는 자신감이 생겼다. 마침 행정 1부지사가 주재하는 간부회의에서 사전컨설팅에 관한 논의가 있었고 행정 1부지사가 "사전컨설팅이 가능하겠느냐"라는 질의를 하자 "그렇다"라고 답변을 함으로써 사전컨설팅 감사제도를 실시하는 단초를 열게 되었다.

나. 사전컨설팅 감사제도의 최초 설계

처음에는 사전컨설팅 감사를 신청하는 경우 이에 대해 공식문서로 의견을 주겠다고 안내하였고, 이에 따라 실제로 2014년 4월부터 사전컨설팅 감사를 접수하고 처리하였다. 그러던 중 경기도 간부 일부가 "감사관 임기가 끝나고 바뀌면 사전컨설팅 감사가 없어질 수 있으므로 정식제도화해달라"라는 요청을 했다. 기꺼이 수용하여 정식제도화하기로 결정했다. 당시 경기도에는 행정고시 동기들이 간부로 제법 있었는데 사전컨설팅 감사를 한다는 소리를 듣고 "자기는 절대 못 하겠는데 할 수 있겠느냐"라고 걱정을 해주는 경우도 있었다. 과감한 결단으로 해보겠다는 것이었다.

"적극행정을 선도하는 감사시스템 개혁 기본계획"이라는 제목을 잡고 머릿속에 있는 구상만으로 2장짜리 초안을 작성하였다. 적극행정 사례에 대해 특혜를 의심하여 감사가 빈발하고, 유권해석이 불분명하고, 사업추진의 적정성을 여건이 변한 사후에 판단하고, 적극행정 면책제도가 있으나 사후에 판단하여 불안감이 있다는 점을 문제로 제시했다. "원스톱 감사사전컨설팅 실시", "불합리한 규제 등에 대한 제도개선 근거 신설", "감사실적 평가시스템 개선", "규제완화 및 적극행정 모범공직자 적극 발굴·포상", "옴부즈만 기구의 조속한 구성·운영"이라는 당시 중요한 5개의 사항을 개혁과제로 선정하였다.

│ 표 7 사전컨설팅 감사제도 도입을 위한 최초 초안

실태 및 문제점	주요 개혁방안
• 적극행정 사례에 대한 특혜의심 감사 빈발 • 불명확한 유권해석에 따른 소극행정 업무행태 지속 • 사업추진의 적정성을 여건 변화된 사후에 판단하는 불합리 • 적극행정 명책규정이 있으나 사후 적용하여 감사지적 불안 존재 → 감사시스템의 근본 틀을 개혁하여 적극 행정 선도 필요	① 원스톱 사전 감사컨설팅 실시 ② 불명확한 규제 등에 대한 제도개선 근거 신설 ③ 감사실적 평가시스템 개선 ④ 규제완화 및 적극행정 모범공무원 적극 발굴·포상 ⑤ 옴부즈만 기구 조속한 구성·운영

모든 사전컨설팅 감사 신청에 대하여 감사관이 전결로 처리하면서 그 판단에 대한 책임을 지는 사전컨설팅 감사제도의 체계를 구상하였다. 감사관이 직접 책임을 지는 구조가 아니면 감사실 직원 어느 누구도 사전컨설팅 감사업무를 맡지 않을 것이므로 감사의견에 관한 판단은 감사관이 책임지고 담당직원은 자료 및 현장확인 등 사실관계 확인을 위한 보조적 업무를 수행하는 방식으로 제도를 출범시켰다.

초기 제도운영에 조그마한 실수라도 있는 경우 각종 비판이 나올 수 있다는 점을 염려해서 모든 사안에 대해 최대한 역량을 발휘하도록 노력하였다. "눈 덮인 들판을 어지러이 걷지 마라. 오늘 내가 걸어간 발자국은 뒷사람의 이정표가 되리니"라던 서산대사의 시가 생각났다. 초기 도입의 어려운 과정 속에서도 감사총괄과장, 감사총괄팀장, 적극행정도움팀장 등 사전컨설팅 감사 업무를 담당한 직원들은 사전컨설팅 감사제도 수립에 최선의 노력을 기울였고 이들의 헌신적인 도움으로 사전컨설팅 감사라는 배가 드디어 항구를 떠나게 됐다.

　사전컨설팅 감사규칙(2014년 7월 제정됨)의 제정과 관련하여 신속하게 결재를 받기 위해 저녁시간에 도지사를 찾아가서 사전컨설팅 감사제도 취지 등을 설명하였다. 도지사는 "혹시 잘못되면 문제가 생길 수 있는데 괜찮겠냐"라고 하였고 필자는 "혹시 감사관이 실수하여 징계를 받더라도 수만 명의 경기도 공무원이 적극행정을 할 수 있다면 보람 있는 일"이라고 답하였던 일이 아직도 잊히지 않는다.

5. 어려움을 극복하니 진심이 통하다
   : 신 상품에 대한 오해 해소와 청렴도 1위 달성

가. 신 상품에 대한 오해와 소통

사전컨설팅 감사를 본격적으로 실시하기 전에 제일 먼저 맞닥뜨린 어려움은 이 업무를 담당할 유능한 인력의 부족과 마인드 전환이었다. 사후 감사를 통해 지적을 하는 일에 익숙한 직원들에게 일선부서 직원들이 해법을 찾지 못하여 신청한 어렵고 복잡한 사전컨설팅 감사사항에 대해 검토하라고 시키는 것은 부담이 되는 일이었다. 사전컨설팅 감사를 담당할 수 있는 역량과 열정이 있는 새로운 직원이 필요했다.

다행히도 사전컨설팅 감사제도의 도입을 적극적으로 주장하던 행정 1부지사가 행정고시 출신 사무관을 팀장으로 배치하면서 적극행정도움팀을 신설해 주는 등 새로 도입된 제도의 성공을 물심양면으로 지원해 주었다. 사전컨설팅 감사의견에 따라 업무를 처리한 경우 업무담당자를 면책하는 규정을 두어야 일선 공직자들이 움직인다는 요청도 하였다. 이를 반영하여 감사관이 어려운 문제에 명확한 해답을 주고 이에 따를 경우 업무담당자의 책임을 면제하는 내용의 사전컨설팅감사 규칙을 제정하였다.

한편 사전컨설팅 감사의견에 따를 경우 업무담당자를 면책하였으나 감사관실에 대해서는 어떤 면책규정도 두지 않았기 때문에 감사관실은 감사의견 제시에 부담이 있었다. 이를 해결하기 위해 감사관이 감사의견을 최종 검토·결재하도록 하여 혹시라도 잘못되는 경우 감사관이 모든 책임을 부담하도록 하였다. 이렇게 하였더니 사전컨설팅 감사를 담당한 직원들이 자기의 업무처리 잘못으로 감사관이 책임을 지는 일이 발생하지 않도록 최선의 노력을 다하는 긍정적 효과가 발생했고 직원들의 헌신적 노력으로 실제 아무런 실수도 발생하지 않았다.

　제도 운영을 위한 체계를 갖추어 사전컨설팅 감사를 본격 시행하였다. 막상 제도 시행 후에 예상한 것만큼 사전컨설팅 감사 신청이 들어오지 않았다. 새로운 제도 시행과정에서 발생한 두 번째 어려움이었다. 점검해 보니 경기도 간부들은 어느 정도 사전컨설팅 감사제도를 알고 있었으나 대다수 공직자들은 이를 알지 못했고 심지어 오해를 하는 경우도 있었다. 사전컨설팅 감사제도를 잘못 처리한 업무를 미리 신고해야 하는 것으로 이해하거나 사전컨설팅 감사를 신청하면 업무검토과정에서 잘못을 적발하려는 것으로 알고 있는 경우도 있었다.

　또한, 시·군에서 경기도 감사관실에 사전컨설팅 감사를 신청할 때 자체 감사실의 검토를 거치게 하였더니 자기 기관의 위신이 손상된다며 사전컨설팅 감사 신청을 하지 않도록 유도하는 사례도 확인되었다. 세상에 없던 제도가 생겼는데 감사실이 자기들 대신 책임을 지고 업무처리를 미리 검토를 해줄 리 없다는 생각이 앞섰던 것이다.

　기존에 생각하지 못했던 파격적인 새 상품을 만들었으니 오해를 할 만하다고 판단하여 경기도 관내 시·군을 대상으로 사전컨설팅 감사와 감사문화 개혁에 대한 강연회를 시작하였다. 취지를 설명했더니 대부분 진정성을 느꼈다며 고마워했고, "너무 충격적이다"라고 문자를 보내오는 공무원도 있었다.

< 찾아가는 경기도 적극행정 시책 설명회 >

"어려운 문제를 해결하는 감사관실이 되겠습니다", "감사문화 개혁으로 소신껏 일하는 공직사회를 만들겠습니다"라는 문구와 함께 사전컨설팅 감사제도를 소개하는 홍보 리플렛도 만들어 배포하였다. "복지부동 치료약, 사전컨설팅 감사제도"라는 제목으로 필자가 직접 중앙언론사에 기고하기도 했다. 한편 사전컨설팅 감사를 신속하게 보급하기 위해 예산을 신규 편성하고, 시·군 자체 감사관실을 평가해서 포상하는 제도도 새로 만들었다. 평가 지표에 사전컨설팅 활용실적을 넣었다. 이렇게 찾아가서 소통하면서 평가시스템도 고쳤더니 사전컨설팅 감사제도의 진정성이 점차 이해되고 적극적으로 활용되기 시작했다.

< 사전컨설팅 감사제도 홍보 리플렛 >

자료: 경기도 사전컨설팅감사 홈페이지 자료실의 홍보 리플렛 편집(일부 삭제)

사전컨설팅 감사제도 홍보실적을 보면 2014년도에는 25회 4,568명, 2015년도에는 17회 3,087명을 대상으로 각각 설명회를 개최하였다. 제도를 도입한 첫해인 2014년도에는 시·군을 대상으로 21회의 설명회를 개최하였는데, 당시 제도에 대한 오해를 해소하기 위해 적극적으로 홍보활동을 하였기 때문이다. 언론 브리핑과 방송인터뷰도 각각 6회, 총 12회를 실시하였다.

┃ 표 8 사전컨설팅 감사제도 설명회 개최 실적(2014~2015년도)

연도별	개최 횟수				
	합계	道본청	시·군	공공기관	기업체
계	42회 7,855명	3회	26회	4회	10회
2014년	25회 4,568명	1회	21회	2회	1회
2015년	17회 3,087명	1회	5회	2회	9회

자료: 사전컨설팅 감사 편람(2018, 경기도) 재구성

사전컨설팅 제도가 활성화됨에 따라 지방자치 업무를 총괄하는 행정안전부는 사전컨설팅 감사를 규제개혁 우수사례로 거론하였고 언론에서도 호평이 이어졌다. 그런데 감사 관계 직원을 만나보았더니 "사전컨설팅 감사를 통해 민원해소 명목으로 자기들끼리 멋대로 특혜성으로 업무를 처리하고 면책까지 하는 것이 아니냐"라는 오해를 하고 있었다.

모든 사전컨설팅 감사 신청사항에 대해 법규와 유권해석 검토, 현장실사 등을 거쳐 법규에 위배됨이 없이 일을 처리하였으므로 아무런 거리낌이 없었다. 사전컨설팅 감사 규정을 제정할 때에도 업무담당자가 꼼꼼하게 일을 처리하였다. 사전컨설팅 감사가 만들어진 취지를 잘 모르는 경우 불필요한

오해가 있을 수 있다는 점을 알게 되었다. 의혹과 오해를 해소시키기 위해 사전컨설팅 감사 홈페이지(www.gg.go.kr/gg_thanks)를 만들어 사전컨설팅 감사의견을 바로 공개하였다.

사전컨설팅 감사에 있어 '감사'는 고맙다는 의미의 '감사'와 소리가 같다. 국민으로부터 감사하다는 소리를 듣도록 노력하자는 의미에서 홈페이지 주소에도 'thanks'라는 단어를 넣었다. 이 홈페이지는 지금도 잘 운영되고 있고 자료실에 초기자료도 보관되어 있어 이 책을 쓰는 데 많은 도움이 되고 있다.

< 경기도 사전컨설팅감사 홈페이지 >

그 후 필자가 감사원 주관 감사활동조정협의회에 지방자치단체 대표로 참석하였더니 당시 이슈가 되었던 사전컨설팅 감사제도에 대한 논의가 있었다. 감사원은 기존에 시행되고 있는 일상감사의 틀 안에서 사전컨설팅 감사를 수용했다. 사전컨설팅 감사는 주로 수의계약 등 회계분야와 주요 업무에 대해 내부통제의 관점에서 사전에 감사하는 일상감사와는 개념이

다르고 감사관실이 책임을 지고 의견을 주므로 행정 책임성도 확보된다는
의견을 냈다. 나아가 감사원이 자체감사기구에서 사전컨설팅 감사가 원활
하게 이루어질 수 있도록 교육 등 지원이 있어야 한다는 주장도 했다.

▌표 9 초기의 세 가지 어려움과 극복방법

초기 어려움	극복방법
• 업무가중 및 책임 부담으로 감사실 직원의 지지 확보 곤란	• 감사관(국장)이 판단책임을 지고 업무담당자는 사실관계 확인 등 보조업무를 수행 → 감사관이 책임지는 일이 발생하지 않도록 직원들이 업무를 철저히 수행 • 전담팀(적극행정도움팀) 신설 및 인력 보강
• 잘못 처리한 업무를 미리 자진신고하는 제도로 오해 • 기관의 위신 손상 염려	• 시·군을 직접 찾아가서 제도를 안내하는 설명회 개최 • 시·군 감사관실 활동 평가시스템을 도입하고 사전컨설팅 감사 활용실적을 평가에 반영
• 민원해소 명목으로 특혜성 업무를 자기 멋대로 처리 • 업무담당자 면책을 규정하여 행정책임을 모호하게 함	• 사전컨설팅 감사 사례를 즉시 홈페이지에 공개 • 회의 등을 통해 감사관이 책임진다는 점을 적극적으로 설명

나. 사전컨설팅 감사제도와 청렴도 1위 달성

사전컨설팅 제도는 혁명성을 지니고 있다. 감사패러다임을 바꾸는 것이
다. 과거에는 감사관실이 책임을 묻는 구조였으나 이제는 오히려 다른 부
서나 기관의 복잡한 문제에 대해 책임을 진다. 같은 기관 내에서도 부서가
다를 경우에는 조그만 일이라도 책임부담을 피하기 위해 서로 업무를 떠넘

기는 것이 일반적인데도 경기도 감사관실은 어려운 문제를 스스로 떠안겠다고 나선 것이다. 과거에는 처리가 어려운 민원이 있으면 감사부담을 핑계로 질질 끌다가 인사이동 시 후임자에게 넘기는 경우가 많았다.

그러나 이제는 사전컨설팅 감사를 신청하면 되므로 그럴 필요가 없게 되었다. 감사를 핑계로 소극행정을 할 수 없게 된 것이다. 또 감사의 관점을 문제해결, 사전예방으로 돌려놓았다. 감사실은 어려운 문제해결을 위해 분야별 전문성을 쌓아야 하고 적극적인 마인드도 필요했다. 감사관실 애칭도 '굿모닝 적극행정'으로 정하였다.

사전컨설팅 감사제도가 도입된 후 언론 브리핑을 자주 하는 등 적극적인 홍보활동을 하였다. 경기도 관내 지방언론을 비롯하여 각종 언론매체도 일선행정 어려움의 해결사 역할을 하고 복지부동을 차단하는 효과를 거두고 있다고 찬사를 보냈다. 그리고 2014년 12월이 되자 국민권익위원회의 청렴도평가 결과가 발표되었는데 광역지방자치단체 중 경기도가 1위를 차지하였다.

그 당시 청렴도 평가는 민원인이 평가하는 외부청렴도, 내부직원이 평가하는 내부청렴도 그리고 언론인, 전문가 등이 평가하는 정책고객평가로 나누어졌다. 그중에서 외부청렴도가 5위에서 1위, 정책고객평가가 14위에서 1위로 급상승한 것이 전국 1위 달성의 원동력이 됐다. 특히 정책고객평가의 경우 홍보비 부족 등 구조적 문제로 경기도가 항상 최하위권에 있었는데, 사전컨설팅 감사 등 감사개혁 노력을 언론인 등이 획기적으로 높이 평가하여 좋은 평가가 나왔다. 외부청렴도 상승의 경우 민원인의 입장에서 업무를 처리하도록 하는 문제해결식 감사가 긍정적 영향을 미쳤다.

▌표 10 국민권익위원회의 2014년도 경기도 청렴도 평가 결과

평가 분야(비중)	광역지자체 순위		감사관실 기여 사항
	2013년	2014년	
외부청렴도(60%)	5	1	사전컨설팅 감사, 기업애로기동해결단, 도민만족 감사 등을 통해 직접적 문제해결
내부청렴도(25%)	6	7	인사불만, 일방적 지시 문화 등의 지속으로 다소 하락, 감사관실의 단기적 노력 한계
정책고객평가(15%)	14	1	사전컨설팅 감사 등 혁신, 도민 만족 기획감사 등에 대한 수시 언론브리핑 실시
종합	4	1	

사전컨설팅 감사를 통해 민원을 해결한 기업인이 경기도 홈페이지 게시판에 사전컨설팅 감사를 칭찬하는 글을 게시한 경우도 있었다.

사전컨설팅 감사 관련 경기도 게시판 글

– 산업단지 내 분양과 관련하여 중앙부처에서도 명확한 답변을 하지 못하고 전국적으로 처리선례를 찾아볼 수 없을 만큼 어렵고도 어려운 최대 난제였습니다. 중앙부처에서도 사례 악용에 대한 부담감으로 판단하지 못한 사례를 광역단체 차원에서 판단 내리는 게 쉽지만은 않은 민원이었을 터인데 경기도의 사전컨설팅 감사제도를 통해 해결할 수 있었습니다.

8. 기업 현장의 어려움을 공감하다
   : 찾아가서 끝까지 민원을 해결하는 시스템 구축

가. 찾아가는 기업애로기동해결단 창설

사전컨설팅 감사제도가 알려지면서 이를 통해 어려움 해소의 혜택을 받는 공무원과 민원인이 많아졌다. 그러나 경기도 관내 기업에게는 아직 잘 알려지지 않았다. '기업 하기 좋은 경기도로 오세요'라는 슬로건답게 적극 행정을 하기 위해 기다리지 않고 기업을 직접 찾아가 사전컨설팅 감사제도를 설명하고 애로사항이 있으면 해결하자는 생각이 들었다. 감사관실 내에 감찰을 담당하는 조사담당관실 직원을 중심으로 기업애로기동해결단을 창단하고 기업을 직접 찾아가 애로사항을 듣고 해결하기 시작했다.

기업들은 이러한 서비스는 생각하지도 못했는데 천지가 개벽했다며 무척 좋아했다. 가설건축물 신고를 도와서 단속에 적발되지 않도록 조치하고 진입도로가 위험한 경우 이를 해당부서에 시정하도록 통보했다. 사업장 바로 앞에 전봇대가 무단 설치되어 차량 진출입을 방해하고 있어 이를 해결해 달라는 불편민원은 아직도 생각난다. 전봇대에 하천범람을 알리는 경보 스피커가 설치되어 있고 이 시설은 재난안전시설이어서 전봇대 자체를 철거할 수 없다는 것이 해당 지방자치단체의 입장이었다. 그러나 담당기관을 대상으로 그 실체를 점검해 보니 스피커는 단순 알림 스피커였고, 전혀 엉뚱한 이유로 기업애로를 해소하지 않는 것으로 확인되어 즉시 전봇대를 철거할 수 있었다. 당시 변용현 조사담당과장이 기업애로기동해결단 부단장으로서 의욕적으로 열심히 업무를 수행하여 수백 건의 민원을 해소했는데 그중 한 사례다. 수원지방 SBS방송에서 규제혁신 사례로 소개되기도 했다.

지방자치단체를 대상으로 현장감사를 가는 경우 기업의 불법행위 예방보다는 사후 지적에 치중해서 지역의 업무담당 공무원들은 기업단속 관련 업무를 처리하면서 감사를 의식해서 기업의 작은 실수에도 엄벌 위주의 행태를 보이기도 했다. 이에 기업들은 평소 관내 공무원을 잘 대접하는 관행이 생기고, 공장 증개축 등 각종 애로사항을 해결하기 위해 청탁이나 사례금을 주는 등 기업 관련 부패관행이 일부 있었다. 기업애로기동해결단은 기업의 애로를 듣고 가능한 것은 즉시 해결하고 해결방법도 조언하는 등 도움을 주니 감사관실이 기업의 든든한 지원군이 되었다. 도지사가 관내 10여 명의 기업인과 간담회를 했는데, 그중 5명이 경기도 감사관실을 칭찬하는 일도 있었다.

경기도의 감사 관련 기관은 경기도 감사관실 외에 시·군의 감사관실이 있다. 그래서 31개 시·군 감사관실과 협약을 맺어 경기도 감사관이 단장이 되고 시·군 감사담당관이 지역책임자가 되어 기업의 어려운 문제를 적극적으로 해결해 나가기로 협약을 체결하였다. 기업애로 발굴, 해소실적이 좋은 시·군 감사관실 공무원을 선발하여 도지사 표창을 주는 제도도 만들었다. 감찰업무 담당 직원을 기업애로기동해결단 요원으로 활용하였는데, 이들은 기업의 불법행위를 찾아 단속공무원을 문책하는 것을 실적으로 관리하고 있던 터라 처음에는 당황하기도 했다. 그런데 관점을 바꾸어 기업을 찾아다니면서 어려운 여건 속에서 기업경영을 하는 모습을 보면서 자기 스스로 기업을 도와주는 자세로 변했다.

기업을 방문해 보면 도로 파손, 불합리한 교통신호체계, 방치된 쓰레기와 폐차 등 제대로 된 행정서비스를 받지 못하는 것을 잘 알 수 있었다. 가설건축신고를 할 수 있는 것도 모르고 불법건축물을 지어 처벌당하기도 했다. 불합리한 농촌진흥구역을 해제해 달라는 요청도 있었다. 20년 전 서류까지 찾아 검토해 보니 해제가 가능한데도 이를 방치하는 경우가 몇 건이나 발견되었다. 하천구역이 이미 변경되었는데도 지적공부에 하천부지로 있었다는 사유로 국공유지를 매각하지 않는 소극행정으로 오랫동안 기업 불편을 초래하고 있는 사례도 다수 발견되어 현장점검을 통해 일괄 매각하도록 하였다. 2015년도 한 해 동안 기업애로기동해결단을 통해 537건의 애로를 발굴하고 그중 360여 건의 기업애로를 해소했다.

┃ 표 11 기업애로기동해결단의 성과(2015년도)

구분	계	부지 · 건축	도로 · 교통 · 안전 등	자금지원	판로 개척 · 인력	기술 · 경영 · 기타지원 등
발굴	537	78	264	48	59	88
해결	365	34	180	28	49	74

기업애로기동해결단 감사편지 사례

반도체장비 제조업 시설증축을 위해 실제로는 사용되지 않지만 도면상 도로로 되어 있는 부분을 매수하기 위해 오랫동안 노력했습니다. 우연한 기회에 경기도청 감사관실의 기업애로기동해결단에 고충을 토로하였습니다. 기동해결단에서 어려운 절차를 거쳐 도면상 도로가 용도폐지되게 해 주었고 향후 공장증축과 인력채용을 통해 회사경쟁력을 키울 수 있게 되었습니다. 10여 년간의 애로사항을 이렇게 일사천리로 해결해 주신 데 감사하며 더 열심히 국가산업에 이바지하여야겠다는 각오를 새롭게 다지게 되었습니다.

나. 민원해결 및 인사평가 시스템 구축

한편 2015년에는 연초에 감사관실 구호를 'First, Best, Last'로 정하였다. 먼저 선도하고 최고가 되며 끝까지 책임지겠다는 의미이다. 이를 구현하기 위해 발굴된 기업애로는 관리카드를 만들어 책임자를 지정하고 끝까지 해결하게 하고 해결되면 실적을 인정하는 시스템을 만들었다. 도지사 업무보고과정에서 감사관실은 기다리지 않고 먼저 찾아가서 문제점을 해결하고 발굴된 문제는 끝까지 책임지겠다고 했다. 도지사가 박수를 치며 너무 좋다고 말하는 것은 물론이고 다른 실국도 감사관실 시스템을 도입하라고 지시했다. 도지사는 감사관실에서 고충민원을 끝까지 추적하는 모습이 감동을 주었는데, 이것이 경기도가 펼쳐야 할 모범적인 행정서비스라는 글을 직접 써서 내부 게시판에 올리기도 했다.

어려운 민원을 해결하는 공무원을 감사관이 발굴, 파격적인 인사가점을 줌으로써 일하는 공무원에게 확실한 보상이 가도록 하겠다는 차원에서 최고 3점의 가점을 주는 인사가점제도를 건의했고, 인사위원회에서 채택됨으로써 감사관이 인사가점을 주는 시스템도 만들어졌다. 2015년 처음으로 고충민원해결 우수사례를 실국으로부터 제출받아 서류심사와 본선평가를 거쳐 6명에게 인사가점을 부여했다. 이들 고충민원 해결사례는 다른 공무원이 본받아야 할 만한 것으로 인정되어 경기도청 내에 생중계되는 주간정책회의에서 발표되었다.

9. 먼저 헌신하면 언젠가 보상받는다
: 대통령의 칭찬과 각종 포상 및 리더십 평가

가. 대통령의 칭찬과 각종 포상

사전컨설팅 감사제도를 문제해결 지원 시스템으로 운용한 결과 경기도는 물론 외부에서도 좋은 평가를 받았다. 내부의 경우를 보면 기존 감사관실은 기피, 질시, 승진적체 부서였는데 이제는 선호, 칭찬, 승진부서로 바뀌었다. 기존의 엄벌 적발 위주의 감사시스템하에서는 실적을 내기 위해 무리하게 동료를 조사하고 과장하여 보고하는 일이 많았다. 이러한 나쁜 이미지 때문에 좋은 직원을 뽑기 어려웠고 감사실 직원의 발탁 승진을 생각하지도 못했다. 감사활동 자체가 감사관 지휘하에 독자적으로 이루어지므로 근무성적평정 시·도의 주요 업무를 담당하는 기획조정실이나 도지사 공약사업 수행부서에 밀릴 수밖에 없기 때문이다.

자기희생을 통한 사전컨설팅 감사, 문제해결 위주의 배려하는 감사로 감사 마인드를 전환하자 다른 모든 실국에서 감사관실을 칭찬하고 어려운 일이 있는 경우 도움을 요청하는 부서로 감사실이 변화되었다. 사전컨설팅 감사가 경기도의 대표상품이 되자 감사관실이 보상받아야 한다는 여론이 형성되었고, 5급 팀장은 4급 과장으로, 4급 과장은 3급 국장으로 발탁승진되는 파격적인 인사도 이루어졌다.

외부의 경우를 보면 규제가 많고 개발행정을 하고 있는 경기도가 국민권익위원회 주관 청렴도 평가에서 전국 광역지방자치단체 중 청렴도 1등이라는 성과를 거두었다. 사전컨설팅 감사는 기획재정부, 환경부 등 중앙부처를 포함한 다른 기관의 벤치마킹 대상이 되었다. 기획재정부 감사과장은 사전컨설팅 감사를 배우겠다고 직접 경기도 감사관실을 찾아오기도 했다. 당시 정부의 각종 회의를 통해 사전컨설팅 감사제도가 논의되었고,

필자가 시·도지사회의 등에 직접 참석하여 사전컨설팅 감사를 소개하기도 했다. 한 경기도 간부는 각종 정부회의에서 필자의 이름이 언급된다며 스타 공무원이 되었다고 추켜세우기도 했다. 또 다른 한 경기도 간부는 "경기도 역사상 이러한 공무원은 없었다"라고 격려해주기도 했다.

경기도 감사관으로 간 지 1년 반 만에 지방규제유공(구 섬김이대상) 공무원으로 선정되었다. 주로 5급 이하 일선공무원 등 일선 현장에서 규제개혁에 공헌을 한 사람들을 대상으로 지역실사와 3단계의 심사 및 면접을 거쳐 12명을 뽑았는데 3급 공무원으로는 처음 선정되었다고 한다. 사전컨설팅 감사로 수많은 문제를 해결했는데 감사관 주도가 명백하였기 때문이다.

< 2015 대한민국 공무원상 및 국가시책 유공자 포상식 현장에서 >

청와대에서 열린 "2015 대한민국 공무원상 및 국가시책 유공자 표상"에 초청되어 대통령과 함께 사진도 찍었다. 다과시간도 가졌는데 행정안전부 장관과 테이블에 동석하게 되어 "사전컨설팅 감사제도, 기업애로기동해결

단, 배려하는 감사가 공무원의 복지부동 문제를 해결할 묘책입니다"라고 말했다. 같은 테이블에 앉아 있던 다른 유공 공무원들도 경기도 감사관실처럼 해달라고 이구동성으로 말하였다. 그런 영향이 있었는지 행정안전부 감사관실에서 "사전컨설팅감사제도의 전국 지방자치단체 도입", "따뜻한 감사 실시"라는 두 가지 감사방향을 지방자치단체에 하달하였다. 그후 총리 훈령으로 「지방자치단체에 대한 사전컨설팅감사 운영에 관한 규정」이 만들어지고 사전컨설팅 감사가 공식적으로 전국에 확대되었다.

2015년 5월에는 대통령께서 청와대에서 열린 제3차 규제개혁장관회의 겸 민관합동 규제개혁점검회의 모두 발언을 통해 "작년부터 경기도에서 감사나 민원을 의식한 공무원들의 복지부동 문제를 해결5하기 위해 실무부서의 요청 있을 경우 감사부서가 중심이 돼 해결방안을 제시하는 사전컨설팅 감사제도를 도입해 좋은 성과를 거뒀다고 한다"며, "감사원은 중앙정부 차원에서도 사전컨설팅 감사제도를 비롯한 적극행정 지원방안의 도입을 검토해서 각 부처의 규제개혁 작업을 적극 지원해 주기 바란다"라고 말했다. 그 후 10월 제4차 규제개혁장관 회의 시에도 대통령께서 사전컨설팅 감사제도가 현장에서 제대로 정착될 수 있도록 교육, 우수사례 확산과 같은 조력을 지속해 달라고 재차 당부하였다.

대통령이 사전컨설팅 감사를 칭찬하고 민원인으로부터 너무 감사하다는 반응이 계속되자 감사실 직원 중 한 명이 "감사관님, 내가 감사관님이라면 가슴이 너무 벅찰 것 같아요"라는 말을 했다. "휴일에 봉사활동한다고 자랑하지 마라. 사전컨설팅 감사 등을 통해 억울한 처지에 있는 민원인의 어려운 고민을 해결해 주는 너의 일에 충실하는 것이 진정한 봉사다. 공무원 퇴직 후 공무원 생활 동안 무엇을 했느냐고 물으면 이런 일을 했다고 말하면 된다"라고 말해준 것이 기억난다.

한편 2014년도 청렴도 평가의 경우 경기도가 사전컨설팅 감사 등으로 청렴도 1등을 달성한 반면, 경기도 교육청은 최하위의 결과가 나왔다. 경기도 의회는 경기도 감사관실에 대한 포상으로 해외연수 예산을 편성하도록 조치했고 에스토니아, 리투아니아, 라트비아 등 발트 3국 유럽연수를 다녀왔다. 행정안전부는 2015년에 선정된 지방규제유공자와 그 전신인 섬김이 대상 수상자에 대한 격려 차원으로 해외연수를 추진하여 이탈리아 등 유럽연수를 다녀오는 등 2015년도에 2번의 해외연수 경험을 갖기도 했다.

2015년 말 감사원 복귀가 예정되자 "감사개혁 성과 보고 및 청렴콘서트" 행사를 통해 그동안 경기도에서의 다사다난했던 일정을 종합하여 마무리했다. "경기도에 큰 족적을 남겼다"라는 도지사의 작별 인사말을 끝으로 다시 감사원으로 복귀했다.

< 감사개혁 성과 보고 및 청렴콘서트 현장(2015. 12. 22.) >

　　"경기도 사전컨설팅 감사 편람(2018)"에 필자가 경기도 감사관 재직시절의 사전컨설팅 감사 접수실적을 보면 시행 첫해인 2014년도는 113건, 2015년도에는 159건으로 총 272건으로 나타난다. 분야별로는 건축이 43건, 공유재산이 31건, 도시개발이 29건 순으로 많은 건이 접수되었다[사전컨설팅 감사 등 경기도 감사개혁 일지(2013~2015)는 <부록 1> 참조].

▌**표 12** 사전컨설팅 감사 분야별 접수 현황(2014~2015년도)

구분	계	개발				건축	토지	환경	복지	회계			행정		기타
		개발행위	건설	도시	공업					계약위탁	공유재산	보조금	인사총무	일반행정	
계	272	24	15	29	11	43	17	17	13	25	31	8	11	19	9
15년	159	15	6	14	9	24	8	8	7	19	20	5	5	15	4
14년	113	9	9	15	2	19	9	9	6	6	11	3	6	4	5

자료: 사전컨설팅 감사 편람(2018, 경기도) 재구성

나. 사전컨설팅 감사제도의 리더십 평가

　　사전컨설팅 감사를 연구하던 감사연구원 한 명이 2018년 경기도에서 제작한 <사전컨설팅감사편람>을 입수하여 보내주었는데 필자에 대해 다음과 같이 기술했다.

　　"사전컨설팅 감사를 하기 위해서는 적극적인 마인드와 함께 문제를 풀어낼 수 있는 역량이 있어야 하고 해당 사안이 자기 일처럼 적극적이고 다양한 방법으로 문제해결을 위해 노력해야 한다. 감사원에서 다양한 경험

을 통해 우리나라 감사제도의 문제점과 나아갈 방향을 잘 아는 인재가 감사책임자로 있어서 혁신적인 사전컨설팅감사제도를 디자인하고 적극적으로 선두 지휘를 하였고 직원들도 감사관의 지휘 아래 역지사지(易地思之)의 마음으로 적극적이고 다양한 방법으로 문제를 해결하기 위해 노력하였다"

한편, 행정연구원이 발간한 "공공리더십 교육을 위한 창의적 리더십 사례: 중앙정부의 공무원을 대상으로(2019)"에서는 낡은 관행 혁신과 창의성 사례로 사전컨설팅 제도를 다루었다. 필자가 연구원과 인터뷰한 내용과 함께 사전컨설팅 제도의 '창의적 특성'을 설시했다. 사전컨설팅 제도의 제안 이전에 명함에 쓰인 문구를 변화시키는 것으로부터 시작했고 부패보다는 깨끗함, 적발보다는 타인에 대한 배려와 이해, 나아가 현명한(스마트) 감사를 통해 최종적으로 살기 좋은 나라를 만드는 것을 목표로 했다는 관점의 변화를 지적했다. 사전컨설팅 제도를 낼 수 있었던 것은 기존 감사제도에 대한 비판적 사고 외에도 남들이 당연하다고 생각하는 부분을 민감하게 '문제'라고 받아들이고 그것을 해결하기 위한 발성의 전환을 시도한 사례로 분석했다.

'리더십의 역할' 측면에서는 기존과 판이한 새로운 방식의 도입은 여러 마찰과 비난을 부르게 되는데, 책임을 부담하고 초기 아이디어 도입단계에서 다양한 관계자들을 만나 교육을 통해 새로운 문화가 가능하다는 점을 이야기해 주며 설득하여 긍정적 여론이 형성되었고, 현재는 전 국가적으로 시행하게 되었다고 평가했다.

표 13 행정연구원 발간 리더십 사례 보고서의 사전컨설팅 제도 분석

구분	내용
창의적 특성	• 명함에 쓰인 문구부터 변화 → 어둡고 부정적 이미지를 탈피하여 스스로를 다른 관점에서 볼 수 있도록 함 • 당연하다고 생각하는 부분을 민감하게 문제로 받아들이고 발상의 전환을 시도
리더십의 역할	• 비난과 갈등의 책임소재: 내가 폭탄을 받겠다 • 초기 아이디어 단계에서 교육을 통해 새로운 문화가 가능하다는 점을 이야기하며 설득 → 긍정 여론 형성, 리더의 지지와 함께 도입 → 국가적 시행

인터뷰 녹취록으로 기술된 내용의 일부를 소개하면 다음과 같다.

"적극행정을 하려면 사실은 윗사람이 마인드가 되어야 되는 거지. 근본적인 변혁을 이끌려면 아무래도 책임을 지는 사람이. 국민들 입장, 관점을 항상 견지해서 진짜 문제가 있는 현장에 대해서 고민을 끝없이 해야지. 설사 생전 없는 것을 하다가 징계를 맞더라도. ○○○지사가 이거 하다가 징계받으면 어쩔 거냐고 하길래 제가 징계 좀 받고 말지 했어요. 이게 핑퐁 하다가 내가 폭탄 받겠다는 거거든."

10. 감사원도 공감하다
: 사전컨설팅 제도 도입으로 적극행정 지원체계 구축

가. 사전컨설팅 제도 도입

사전컨설팅 감사제도는 중앙부처와 지방자체단체 그리고 공공기관에 신속히 확산되었다. 감사원의 경우 필자가 2015년 말 경기도 감사관의 임기를 마치고 감사원에 복귀하였을 때에도 사전컨설팅 감사가 본격화되지 않고 있었다. 사전컨설팅 감사제도의 도입을 적극 검토하라는 대통령의 당부가 있은 직후 「공공감사에 관한 법률 시행령」이 개정되어 규제 관련 사항에 대하여는 '신청에 의한 일상감사'를 자체 감사기구에 신청할 수 있도록 제도가 바뀌었다. '신청에 의한 일상감사'가 규제 관련 사항과 관련하여 사전컨설팅 감사의 역할을 할 수 있다. 그러나 일상감사는 속성이 내부통제를 위한 사전감사로서 소극성을 지니므로 최고의 역량을 발휘하여 문제를 적극적으로 해결하려는 사전컨설팅 감사와는 출발점이 다르다는 한계를 지닌다(법규 변천에 관한 상세한 내용은 <부록 2> "사전컨설팅 감사제도의 법규상 도입과정과 개념 정립" 참조).

사전컨설팅 감사에 대한 이해를 높이기 위해 감사원이 발행하는 <계간감사>지에 "경기도 감사개혁 이야기: 사전컨설팅 감사가 뭐예요?"라는 타이틀의 글을 기고하기도 했다. 암행어사 정신을 이어받아 마패를 상징으로 삼고 있는 감사원이 부정부패를 적발하려는 노력 못지 않게 국민의 고충민원을 자기 일처럼 적극적으로 해결하는 노력을 해야 한다는 주장을 펼쳤다.

사전컨설팅 감사제도는 최재형 감사원장이 부임한 후인 2019년 1월 본격 도입되었다. 사전컨설팅 전담부서가 설치되고 「감사원 사전컨설팅 제도 운영규정」(<부록 3> 참조)도 만들어졌다. 사전컨설팅 담당부서에서 필자에게 사전컨설팅에 대한 강의를 요청하여 감사원에서 최초로 사전컨설팅 업무를 담당하게 된 직원들을 모아 놓고 사전컨설팅 감사의 의의와 방법, 유의사항 등에 대해 설명하는 기회도 가졌다.

가장 궁금해하던 내용은 "어려운 질의가 오면 어떻게 처리해야 하는가" 였다. "질의가 오면 법규와 유권해석을 철저히 검토하고 유권해석이 불합리하면 다시 질의하라. 정확한 답변이 오지 않으면 질의 초점을 명확히 하여 다시 재질의하라. 현재 검토하는 규정으로 해결이 안 되면 다른 규정을 적용할 수 있는지를 검토하는 등 다양한 문제해결방법을 찾아라. 그래도 문제해결방법이 나오지 않으면 향후 제도개선 방안을 검토하고, 업무담당 부처에서 긍정적 답변이 오면 그 내용을 회신하면 된다. 제도개선도 어렵다면 어려운 사유를 있는 그대로 상세히 안내하는 등 최선을 다하면 된다.

유의할 점은 오염배출 등 환경훼손 업종의 인허가 문제다. 경기도에서 경험해 보니 지역 주민과의 충분한 소통 없이 환경 관련 인허가 기준이 정교하지 않은 점을 이용하여 형식적인 기준만 갖추어 감사실을 통해 인허가에 관한 긍정적 답변을 얻으려고 하는 경우가 있다. 이럴 경우 법규와 서류 검토만으로는 실수할 수 있으므로 인허가권자 및 주민 등 이해관계자의 의견을 참고하라"라고 해법을 제시했다. 2019년 9월에는 대통령령으로 「적극행정 운영규정」이 제정되어 사전컨설팅 수행의 근거가 명시되었다.

감사원이 2021년 4월 발간한 "사전컨설팅 및 적극행정 사례집"에 따르면 사전컨설팅 감사제도는 2014년 경기도에서 최초 도입되었고, 2015년에는 17개 광역지방자치단체 및 행정안전부, 환경부 2개 중앙부처로 우선 도입되었다. 범정부적 적극행정 확산 노력으로 2020년 6월 기준으로는 총 43개 중앙행정기관 및 17 광역지방자치단체, 8개 교육청에서 사전컨설팅 감사제도를 운영하고 있다.

감사원이 명칭을 '사전컨설팅 제도'로 정하여 '감사'라는 용어를 사용하지 않는 이유는 자체감사기구에서 사전컨설팅 감사 과정에서 자체 판단이 어려워 감사원에 의견을 요청하는 경우 감사원이 검토하여 회신해 주는 제도이기 때문이다. 감사원은 적극행정을 조장하기 위해 2009년부터 공익을 위해 적극적으로 일하는 과정에 발생한 잘못에 대하여 고의 또는 중대 과실이 없는 한 책임을 묻지 않는 '적극행정면책 제도'를 운용하여 왔다.

하지만 공직자들의 의사결정을 사전에 지원하지 않는 한 그들이 느끼는 불확실성 및 감사 불안감은 여전히 남아 있어 감사원의 도움을 받을 수 있도록 한 것이다. 리스크를 감사원이 함께 부담함에 따라 공직자들이 적극 소신있게 업무를 추진하게 되었다고 위 사례집은 밝히고 있다. 2023년에는 "찾아가는 사전컨설팅" 서비스까지 제공하는 등 이제는 감사원이 사전컨설팅을 적극 활성화하여 일선 행정현장을 지원하고 있다.

나. 사전컨설팅 감사제도와 적극행정 면책제도

감사원은 규제개혁과 적극행정 지원을 위해 적극행정 면책제도를 운용하고 있다. 이 제도는 공직자가 열심히 일하는 과정에서 생긴 부분적인 실수 등에 대한 책임을 감면함으로써 적극적으로 일할 수 있는 공직문화 조성을 위해 2009년 1월 최초 도입되었고, 2015년 「감사원법」과 「공공감사에 관한 법률」 등에 시행근거가 마련되었다.

그러나 활용 실적이 다소 저조하여 2018년에 제도를 활성화하기 위해 외부 전문가로 구성된 '적극행정면책자문위원회'에서 객관적 시각으로 면책 여부를 검토하도록 하고, 면책 여부를 감사현장에서 바로 결정하는 제도의 세부절차를 마련하였으며, '경미한 절차상 하자'는 면책할 수 있도록 면책 기준을 완화하여 '중대한 절차상 하자'가 없는 한 면책하도록 하였다. 적극행정 면책제도는 업무처리 후에 적극행정인지 여부를 판단하여 이에 해당하면 책임을 감면해 준다.

다만, 사후에 적용하므로 공무원이 감사에 대한 두려움 없이 업무를 수행하도록 사전에 지원하기에는 한계가 있다. 보험제도를 운용할 때 사고가 발생할 경우 특별한 사유가 없으면 보험금이 지급되도록 해야 보험이 활성화된다. 사고 발생에 대해 그 원인을 분석해서 고의나 중대한 과실이 없는 경우에 한하여 선별적으로 보험금을 지급한다면 그러한 보험을 가입할 사람은 그리 많지 않을 것과 같은 이치다. 그리고 적극행정을 할 경우 면책을 해준다는 것은 법규 위반을 전제로 하는 것인데, 적극행정이라는 사유로 면책을 함으로써 법규 위반을 용인한다는 비판도 있다.

사전컨설팅 감사제도는 업무처리를 미리 검토해 줌으로써 법규 위반을 미연에 방지하고 업무처리도 공론화되어 투명성이 강화될 뿐만 아니라 담당공무원도 안심하고 일 처리를 할 수 있다는 장점이 있다.

┃ 표 14 사전컨설팅 감사제도와 적극행정 면책제도의 비교

구분	사전컨설팅 감사제도	적극행정 면책제도
적용 시점	업무처리 전	업무처리 후
책임부담자	감사실	업무처리자(감경 또는 면제)
제약요인	다양한 업무분야에 대한 감사실의 역량과 의욕이 필요	• 업무처리 담당자의 불안 해소 미흡 • 법규 위반을 용인하는 불합리
효과	• 공직자와 민원인의 적극적 지지 • 문제해결형 예방감사로 초점 전환	• 사후감사 시 업무담당자의 입장을 대폭 반영

11. 다시 한번 일선 행정현장으로 가다
: 한국콘텐츠진흥원에서 만드는 발칙한 구상

가. 한국콘텐츠진흥원에서의 새로운 출발

감사원에 근무하던 2022년 갑자기 한국콘텐츠진흥원에서 상임감사를 공모하니 응시해 보는 것이 어떠냐는 제안이 있었다. 갑작스러운 제안에 다소 당황하였다. 한편으로 경기도 감사관 시절 만든 사전컨설팅 감사제도가 공공기관인 한국콘텐츠진흥원에도 제대로 정착시킬 수 있는 기회가 될 수 있다는 생각이 들었다. 경기도 감사관의 경우 부지사, 도지사의 행정업무상의 지휘를 받지만 감사업무와 관련하여 독립성이 있고 감사실 직원만 해도 100명이 넘어 사실상 감사관이 감사, 청렴 및 고충민원처리 분야에 있어 기관장의 역할을 수행한다. 이러한 자율성이 창의적인 사고를 실행에 옮길 수 있는 여건을 제공해 주었다. 이와 마찬가지로 공공기관의 상임감사도 임명부터 업무수행까지 기관장으로부터 독립이라는 점이 매력이었다. 중앙정부, 지방자치단체 그리고 공공기관까지 모든 유형의 공공분야의 경험을 쌓게 되는 유익한 점도 있었다.

공모에 응시하기 위한 직무수행계획서를 작성하기 위해 한국콘텐츠진흥원에 대해 조사해 보니 '오징어 게임'과 같은 K-드라마 등의 한류열풍에 힘입어 최근 급격하게 성장하고 있었다. 기관 명칭을 'Korea Creative Content Agency'로 표기하는 것도 마음에 들었다. 공공기관의 명칭에 'Creative'가 들어간 유일한 사례가 아닌가 싶었다. 응모한 이상 합격하기 위해 면접시험도 철저히 준비했다. 면접결과 임원추천위원회의 복수 추천자 중 한 명이 되었다. 청와대 인사검증이 진행되고 임명이 확정되지 않은 상황에서 감사원에서 현직을 유지하는 것은 곤란하다는 사유로 퇴직을 요청받았다. 다소 불확정적인 상황에서 감사원을 명예퇴직하게 되어 혹시 떨어지면 어쩌나 하는 걱정도 있었으나 다행히 2022년 3월 8일자로 임명되었다.

2009년 5월 7일에 설립된 한국콘텐츠진흥원은 콘텐츠산업 진흥으로 문화강국 실현과 국민 행복에 기여한다는 미션을 기조로 K-콘텐츠 혁신성장을 선도하는 핵심 역할을 담당하고 있다. 방송, 게임, 음악, 패션, 애니메이션, 캐릭터, 만화, 지적재산권, 신기술융합콘텐츠 등 장르별 제작을 지원한다. 또한 해외진출, 기업육성과 인재양성, 문화체육관광 연구개발, 정책금융지원과 정책연구도 수행하고 있어 우리나라 콘텐츠 산업발전을 위해 중요한 역할을 담당하고 하고 있다.

'오징어 게임', '이상한 변호사 우영우', '재벌집 막내아들', '범죄도시2'와 같은 유명 콘텐츠들이 진흥원의 주요 지원 성과다. 넷플릭스 20개국에서 1위를 기록하기도 했던 '이상한 변호사 우영우'를 쓴 문지원 작가는 2013년 한국콘텐츠진흥원의 창의인재동반사업 교육생으로 참여해 매달 받은 창작지원금으로 생계를 해결하고 창작에 집중하였다고 한다. 콘텐츠 분야는 아이디어와 열정은 있으나 자금이 열악한 경우가 많으므로 공적지원이 중요한 촉매제가 된다는 것을 알 수 있는 사례다. 2023년 1월 세계 최대 글로벌 테크놀로지 전시회인 'CES 2023'의 경우 한국콘텐츠진흥원에서 문화기술 연구개발을 지원한 7개 사가 CES 2023 혁신상을 수상하기도 했다. K-콘텐츠 수출액은 2022년 말 기준 135억 달러에 달할 것으로 예측되는 등 지난 3년 새 32% 증가하여 K-콘텐츠는 한국 수출의 구원투수로 불리고 있다. 콘텐츠 분야는 자본력이 없는 젊은 사람도 창의적인 아이디어만으로 단기간에 세계시장에 도전할 수 있는 매력이 있다.

특히 스토리 분야가 그렇다. 소득수준이 높아짐에 따라 사람들은 행복을 추구한다. 물질적 만족이 한계에 다다를수록 문화적·정신적 콘텐츠가 중요해진다. 스토리 콘텐츠를 통해 아름다움, 감동, 공감, 삶의 의욕 등 다양한 행복을 얻을 수 있다. 스토리는 우리나라 콘텐츠의 뿌리이고 원천 지적재산권이다. 스토리는 소설, 영화, 음악, 패션 등 다양한 분야로 확산되고 상품에 가치를 불어 넣기도 한다. 최근 한류열풍으로 우리나라에서 만든 상품은 여기에 스토리가 부가되어 단순한 상품 이상의 것이 되어 가고 있다.

  문화콘텐츠 분야는 정보통신기술(IT), 바이오기술(BT)에 이어 향후 우리나라의 혁신성장을 이끄는 눈부신 분야가 될 것이다. K-콘텐츠의 잠재력과 중요성을 알게 되자 감사원과 경기도에서 27년여 공직생활을 하면서 얻게 된 행정 전반에 대한 감사 실무 및 지휘 경험과 노하우를 통해 한국콘텐츠진흥원의 발전과 콘텐츠 산업 발전에 기여해야겠다는 의욕이 생겼다.

< 한국콘텐츠진흥원 나주 본사 전경 >

사진: 한국콘텐츠진흥원 제공

나. 생기 있는 젊은 조직 분위기와 MZ 세대 소통

한국콘텐츠진흥원은 한류열풍과 함께 최근 사업규모와 예산이 급증한 반면, 인력증가는 이에 미치지 못하여 개인당 업무가 급격하게 늘어나는 상황이다. 신규 채용된 젊은 직원들도 많다. 감사실의 직원들은 순환보직 형태로 감사업무를 수행했다. 매년 기획재정부가 실시하는 상임감사 직무수행평가, 감사원의 자체감사기구 평가, 청렴도 평가를 받는다. 평가를 잘 받기 위해서는 일상감사를 비롯한 분야별 특정감사, 종합감사를 실시하여 성과를 거양하고, 실효성 높은 청렴시책도 추진하고, 고충민원도 깔끔하게 처리해야 했다. 사전컨설팅 감사실적도 평가에 포함되어 있어 사전컨설팅 감사를 실시한다고 하는데, 관련 규정이 없고 개념정립이 제대로 되어 있지 않은 것으로 보였다.

조직의 업무가 급격히 증가하면서 업무수행이나 예산집행 시스템의 개선이 필요해 보였다. 일상감사에 대한 개선요구도 있었다. 직원들과 대화를 해보니 문화예술 업무를 다루어서인지 생기가 있고 순수했다. 옷차림이나 사고방식에 있어서도 개성이 강하고 창의성이 엿보였다. 위계질서가 중시되는 다른 공공조직과 달리 수평적 문화가 발달해 있는 점도 마음에 들었다. 미래 발전가능성이 큰 젊은 조직 분위기를 경험하다 보니 조직발전을 위해 조금이라도 기여해야겠다는 새로운 활력이 생겼다.

서면으로 올라오는 보고서가 아닌 조직 내부의 살아있는 목소리를 듣기 위해 '라떼와 함께 하는 MZ세대 청렴소통 간담회' 이벤트를 기획하여 대부분의 신 세대 직원들과 직접 소통하였다. 대화를 통해 개선 욕구가 있는 것을 확인하고 '직원제안 감사제도'를 만들었다. 직원들이 불만이 있어 제도개선을 요청해도 상세한 자료가 없어 해당 제도운영 담당부서와의 논쟁에서 결론을 내리지 못하고 흐지부지되는 경우가 있다는 것이다. 직원제안

감사사항을 접수받아 상임감사, 제안자, 업무담당팀장이 모두 모여 상세히 점검하고 제도개선이 이루어지도록 하였다.

일상감사도 합리적으로 정비하였다. 일상감사 의견을 명확하게 하고 불필요한 의견은 달지 않도록 함으로써 사업부서의 혼선을 줄이려 노력했다. 업무추진비 영수처리 방식도 기획재정부 지침에 맞게 합리적으로 변경시켰다.

다. 새로운 적극행정 시책 추진

적극행정의 활력을 불어넣기 위해 상임감사 집무실 앞에 경기도 감사관 시절 만들어서 계속 보관했던 "굿모닝 적극행정" 액자를 설치했다. 적극행정을 '내 일처럼' 업무를 처리하는 것으로 정의했다. 불합리한 규제를 혁파하고 기업의 불편·건의사항을 해결하여 콘텐츠산업 성장에 활력을 불어넣기 위해 'K-콘텐츠현장지원단 내-일처럼'을 창설하여 감사실 내에 설치하였다. 경기도의 '기업애로기동해결단'과 같은 취지로 만들었다. 콘텐츠 관련 협회를 직접 찾아가 홍보하였다. 협회를 방문하였을 때 처음에는 무슨 일인지 잘 몰라 서먹하였다. 경기도에서 사전컨설팅 감사제도를 도입하여 많은 민원을 해결했고 이를 확장한 것이 현장지원단이라고 설명했더니 표정이 매우 밝아지고 적극 환영하는 분위기로 바뀌었다.

한편 본부장회의, 경영전략회의 등 각종 회의에 참석하여야 했는데, 경기도에서 추진했던 사전컨설팅 감사제도를 소개하고 적극 이용하도록 독려했다. 하지만 사전컨설팅 감사제도 자체를 잘 모르고 있는 직원도 많았고 신청이 들어오지 않았다. 적극행정을 위한 중요한 감사시책의 하나로 사전컨설팅 감사가 모든 공공 부분에 전파되었으나 그 의미와 효과를 제대로 전달되지 않은 것으로 느껴졌다.

　사전컨설팅 감사가 제대로 작동하기 위해서는 감사실이 다른 부서의 어렵고 복잡한 업무를 '내 일처럼' 처리하는 적극성이 있어야 한다. 사전컨설팅 감사를 제대로 추진하여 다른 공공기관의 모범이 되도록 해야겠다는 사명감을 가다듬었다. 사전컨설팅 감사의견에 따르는 경우 책임을 면제하는 규정이 만들어져야 사전컨설팅 감사가 활성화될 것으로 판단되어 「사전컨설팅 감사 등 적극행정 지원에 관한 지침」을 제정하였다. 그 후 전 직원이 참석하는 월례브리핑 시간에 사전컨설팅 감사제도의 의미와 효과, 사례, 절차 등을 소개하는 강의도 하였다. 감사실 직원에게는 제한을 두지 말고 모든 사항에 대해 사전컨설팅 감사를 접수하라고 했다.

　이러한 노력이 통했는지 갑자기 3~4건의 사전컨설팅 감사 신청이 들어왔다. 사전컨설팅 감사 신청사항에 대해 꼼꼼하게 검토하여 감사의견을 주었더니 신청부서 직원들로부터 아주 만족스럽고 고맙다는 반응이 왔다. 이러한 좋은 평가가 이어져 사전컨설팅 감사제도가 원활하게 작동되기 시작했다. '적극행정대상 공모제도'도 신규로 만들었다. 공모를 통해 적극행정 사례를 접수하였고 1, 2차 심사를 거쳐 입상자를 선정하고 포상하였다.

　적극행정 사례는 감사원, 중앙부처 등에서도 발굴하여 표창을 주고 있는데, 혹시 나중에 문제가 발생하지 않도록 다소 보수적으로 운영되는 경향이 있다. 감사실에서 발굴하는 모범사례는 한국콘텐츠진흥원의 입장에서 도전적, 창의적 사례를 높이 평가하였다. '적극행정대상 공모제도'를 통해 기관 고유의 특성을 잘 반영하는 모범사례를 발굴한 것이다. 앞으로 이러한 의미있는 제도를 잘 정착시키기를 바라는 마음이다.

라. 유튜브를 통한 청렴메시지 전파와 자체감사 만족도 상승

새로운 감사 및 청렴 문화를 이해시키고 체계적으로 확산하기 위해 한국콘텐츠진흥원이 운영하는 유튜브 채널에 '콘청(한국콘텐츠진흥원 청렴TV)'을 개설하고 임원들의 청렴릴레이 메시지를 올렸다. 유튜브를 통해 사전컨설팅 감사제도를 소개하고 향후 감사실의 모습에 대해 설명하여 외부는 물론이고 내부 직원들로부터 진정성과 신뢰성을 얻기 위해 노력하였다. 관심있는 분들을 위해 참고로 주요 내용을 소개하면 다음과 같다.

< 한국콘텐츠진흥원 유튜브 '콘청' 청렴릴레이 >

문: 사전컨설팅 감사제도는 상임감사님이 최초 도입, 설계해서 전국에
    확대된 것을 알고 있는데, 이를 처음 도입하고 활성화한 스토리를
    말씀해 주세요.

- 제가 9년 전 개방형 경기도 감사관으로 재직했는데, 당시 적발 위주의
  감사로 인해 공무원들이 소신껏 일하지 못하고 어려운 문제는 처리를
  회피하고 인사이동 때 다른 사람에게 이를 넘기는 행태가 만연하였습

니다. 그리고 각종 규정이 애매한 경우가 많고 중앙부처에 유권해석을 의뢰해도 70~80% 정도는 현장에서 잘 처리하라는 식으로 답변이 와서 적극행정이 어려웠습니다.

- 아무리 규제를 완화하고 해도 현장에서는 일이 해결되지 않는 경우가 많았습니다. 그래서 애매한 경우나 어려운 문제에 대한 컨설팅을 감사실에 신청하면 감사관이 현장조사 등을 통해 문서로 그에 대한 의견을 제시하고 그에 따라 업무를 처리하면 면책시키는 사전컨설팅 감사제도를 도입하였습니다.

- 이것은 감사의 패러다임을 바꾸는 혁신적인 사건입니다. 기존에는 어려운 문제해결을 담당하는 부서가 감사와 민원에 시달려야 했지만, 이제는 사전컨설팅 감사를 신청하면 그 어려운 문제해결의 부담을 감사실에 떠넘기게 되는 것이지요. 이제는 감사도 감사실이 받고 허가 등을 해주지 않아 민원이 발생해도 감사실이 이를 해결해야 하는 것입니다. 남을 지적만 하던 감사실이 이제는 '을(乙)'이 되고 일선부서는 감사로부터 해방되었습니다.

- 이렇게 좋은 제도도 일선 공무원들이 그럴 리 없다는 불신이 있어 경기도 31개 시·군을 대상으로 사전컨설팅 감사제도를 홍보, 판매하는 투어까지 하였습니다. 그 결과 공무원들로부터 전폭적인 신뢰와 고마움을 받게 되었고, 결국 대통령께서 생방송 중계된 규제개혁 장관회의에서 사전컨설팅 감사를 칭찬하고 감사원이 이를 확대하는 방안을 검토하라는 말씀까지 하였습니다. 저도 개인적으로 청와대로 초청되어 규제개혁유공 표창을 받았고, 이제는 법제화까지 되어 모든 공공기관에 시행되고 있습니다.

- 다만, 사전컨설팅 감사제도는 제도가 도입된다고 실효를 발휘하는 것이 아니라 문제해결 역량이 있고 문제를 내일처럼 해결하려는 적극적인 자세가 있어야 합니다. 이제 우리 콘진원에서 제대로 된 사전컨설팅

제도가 운용될 것이고, 제가 월례브리핑에서 사전컨설팅 제도를 소개
하고 난 후부터 신청이 들어오고 있습니다. 더욱 활성화하여 감사 부
담없이 소신껏 일하는 콘진원을 만들겠습니다.

문. 감사님이 바라는 콘진원 감사실은 어떤 모습인가요?

- 감사실 하면 떠오르는 것이 "피하고 싶다, 그냥 싫다, 숨어 있다 뒤통
수칠 것 같다"와 같은 부정적 이미지입니다. 이런 현상은 그동안 감사
가 권위적이고 적발 위주의 일벌백계식 행태를 보였기 때문입니다. 그
럼에도 '공직기강 확립', '복지부동 타파'와 같은 명분으로 원래 감사는
그런 것이라고 치부되어 감사관행과 제도는 환경의 커다란 변화에도
불구하고 큰 변화없이 지속되어 왔습니다.

- 그런데 제가 9년 전에 개방형 경기도 감사관으로 나가 보니 그간의 감
사관행이 오히려 복지부동의 원인이고 우리나라 행정발전의 발목을 잡
는 주요 요인이라는 것을 알게 되었습니다. 그래서 만든 것이 사전컨
설팅 감사제도이고, 이러한 사전컨설팅 감사제도를 외부로 확장시킨
것이 'K콘텐츠현장지원단 내일처럼'입니다.

- 사전컨설팅 감사제도의 확대로 인해 우리나라의 억압적 감사문화도 많
이 개선되었지만 아직도 가야할 길이 많이 남아 있습니다. 콘진원 감사
실은 직원들이 업무추진 중 애로가 발생하는 경우 사전컨설팅 신청으로
언제든지 도움을 청할 수 있고, 불편사항은 직원감사제안제도를 통해 제
도개선도 요청할 수 있습니다. 직원을 감시하는 역할이 아니라 소신껏
적극적으로 일하는 직원을 도와주는 부서로 바뀌어 가고 있습니다.

- 우리 나주 빛가람에 많은 공공기관이 입주해 있는데, 직원 여러분이 우
리 감사실은 항상 직원과의 소통을 통해 우리의 업무를 도와주고 문제
해결에 도움을 준다고 느낀다면 이것은 다른 공공기관 직원들에게는
생소하기도 하고 부러움을 주게 될 것입니다. 제가 경기도 감사관 시

절에 깨끗, 스마트, 배려하는 감사실이 되겠다고 선언하고 사전컨설팅
감사도 시작했는데 그 당시 다른 지자체의 직원들로부터 자기들도 경
기도 감사관실과 같은 감사실을 갖고 싶다는 이야기를 많이 들었습니
다. 이와 유사하게 빛가람 공공기관에서도 콘진원 감사실과 같은 감사
실을 갖고 싶다고 이야기가 된다면 콘진원 여러분은 콘진원에 대해 뭔
가 뿌듯한 자부심을 느낄 것입니다.

- 이게 소문이 나면 빛가람 감사실 전체가 바뀌고 우리나라 전체 공공기관
  의 감사실이 바뀔 수 있습니다. 더 나아가 공공기관 감사실이 바뀌면 공
  공부문 전반에 걸친 행정혁신이 일어나서 대한민국이 바뀔 수 있습니다.
- 종합하자면 콘진원 감사실을 직원으로부터 사랑받는 감사실로 바꾸고
  이를 통해 공공기관의 혁신을 선도하는 명품 감사실로 인정받는 것이
  저의 당찬 바램입니다.

이러한 신규 제도 도입과 더불어 사전컨설팅 감사도 활성화되어 감사실
에 대한 인식도 호의적으로 변하였다. 2022년 말에 자체감사에 대한 만족
도를 조사하였는데 전년과 대비하여 21%가량 상승했다. 필자가 처음 부임
하여 각 본부로부터 업무보고를 받을 때 "도와주고 의지처가 되는 감사실",
"직원들로부터 사랑받는 감사실"이 되고 싶다고 말했는데, 사전컨설팅 감
사 신청에 대한 처리과정에서 어느 정도 진심이 전달된 결과이다.

마. 청렴전문강사로 변신

공공기관의 감사실은 감사업무 외에 청렴업무를 겸하고 있다. 매년 국민
권익위원회는 공공기관 청렴도를 평가하여 공표한다. 평가대상기관인 한국
콘텐츠진흥원의 감사실도 기관 청렴도를 높이기 위해 노력해야 한다. 청렴
은 개개인의 청렴의식 확립에서 출발하므로 「청탁금지법」 등에서 청렴교육
을 매년 의무적으로 실시하도록 정하고 있다. 청렴 관련 법규에는 「청탁금

지법」,「행동강령」,「이해충돌방지법」,「부패방지법」,「공익신고자보호법」,
「공공재정환수법」 등 6개가 있다. 요즘 청렴 관련 법규 위반에 대해서는
엄중한 책임을 묻는다. 청렴 법규에서 허용하지 않는 행위에 대한 문의가
많으나 법규에 대한 깊은 지식이 부족하여 업무수행에 애로가 있었다.

　단순히 청렴교육을 몇 시간 듣는 것만으로는 충분하지 못했다. 좀 더 전
문적인 교육과정을 찾아보니 청렴강사과정이 있었다. 청렴기본강사, 청렴
소양강사, 청렴전문강사 과정으로 구분되는데, 청렴전문강사 수준이 되어
야 자신감 있게 청렴관련 업무를 수행할 수 있을 것으로 생각했다. 청렴전
문강사가 되기 위해서는 우선 서류전형을 통과해야 한다. 감사원에서의 반
부패 업무 수행경력, 표창 실적, 활동계획 등을 제출하여 서류전형에 합격
했다. 그리고 청주에 소재하는 청렴연수원에서 3박 4일의 청렴교육과정을
이수했다.

　가장 어려운 단계는 필기시험 통과다. 청탁금지법 등 6개 청렴법규에 대
한 주·객관식 필기시험에서 80점을 득점해야 합격한다. 청렴교육과정 이
수 후 다음 해까지 필기시험 응시자격이 있다. 청렴강의를 하기 위해 기관
을 방문한 청렴전문강사에게 문의했더니 청렴교육과정 이수 후 보름 정도
있다 시행하는 필기시험에는 공부량이 상당하여 바로 합격하기 어렵다고
했다. 기출 시험문제가 공개되지 않으니 첫 응시는 출제유형을 파악하는
기회로 삼고 스터디그룹을 만들어 1년 정도 법규와 판례 등을 공부하라는
조언도 받았다.

　그렇지만 청렴전문강사 시험을 본다는 것을 직원들이 알고 있어서 시험
에 떨어지면 안 된다는 생각이 들었다. 옛날 고시공부하던 시절의 몰아치
기 공부방법을 동원했다. 중요 법규와 유권해석, 사례 등을 보기 쉽게 서브
노트로 정리해서 집중적으로 암기했다. 토요일 대전에 가서 필기시험을 보
았는데 전혀 예상하지 못한 사례 중심의 응용문제가 많이 나와 당황했다.

잘 모르는 문제에 대해서는 최대한 상식을 동원해 풀었다. 정확한 점수예측이 어려워 떨어지면 내년에 시험을 보겠다고 마음먹었다. 시험결과는 문자로 왔다. 92점으로 합격이었다. 나이가 60이 되어 가니 암기력이 중요한 시험에 자신이 없었는데 다시 한번 자신감을 회복하는 계기가 되었다.

결과가 좋으니 기분도 좋았고 간부회의 등에서 자랑도 했다. 필기시험 합격이 끝이 아니었다. 그 후 청주 청렴연수원에서 1박 2일의 강의시연과정 수료와 며칠 뒤 실시되는 강의시연 평가합격을 거쳐, 2023년 1월 1일자로 청렴연수원 등록 청렴전문강사가 되었다. 청렴전문강사가 되기 위해서는 어려운 필기시험 통과를 위해 공부도 열심히 해야 하지만 청주 3회, 대전 1회를 방문하고 주말에 시험에 응시해야 하는 등의 성의도 있어야 한다.

한국콘텐츠진흥원은 아직은 경험이 부족한 젊은 직원이 많고 새롭게 성장하는 산업분야의 진흥을 담당하다 보니 상급자의 솔선수범이 중요했다. 청렴도 향상을 위해 솔선수범을 강조하고 싶었는데 나름 힘든 과정을 거쳐 청렴전문강사가 되니 자신감이 생겼다. 2023년도 시작과 동시에 전 직원에게 신년서한을 보내면서 '솔선수범'과 '좋은 직장만들기'를 올해의 핵심 키워드로 제시했다. 2022년도에는 청렴전문강사를 모셔와 청렴교육을 했는데, 2023년 2월에는 필자가 청렴전문강사 자격으로 청렴교육을 실시했다. 청렴전문강사 강의료를 아낄 수 있었고 강의료의 일부에 해당하는 금액으로 청렴퀴즈 선물을 준비했다. 전 임직원을 대상으로 청렴강의를 실제 사례 중심의 퀴즈 형식으로 진행했다. 퀴즈를 맞히면 선물을 지급했더니 모두 귀를 쫑긋하고 강의에 몰입했다. 상임감사 자격으로 훈계식 청렴강의를 했다면 청렴교육효과가 적었을 것이다. 상임감사가 청렴전문강사 자격을 갖추고 생생한 사례와 함께 퀴즈선물까지 주니 청렴교육 몰입도가 높아졌다.

< 청렴전문강사 자격으로 전 직원을 대상으로 청렴교육을 실시하는 장면 >

바. 사전컨설팅 감사 마인드 확산의 필요성 절감

매년 연초가 되면 공공기관에 대한 기획재정부 주관의 상임감사 직무수
행평가가 있다. 감사원으로부터 자체감사활동 실적평가도 받는다. 이 점수
는 상임감사 직무수행평가 평가점수에 일부 반영된다. 자체감사 평가기준
에 따르면 사전컨설팅 제도 운영도 포함된다. 감사원 밖을 나와 공공기관
의 상임감사로서 사전컨설팅 감사의 운영실태를 실제 경험해 보니 필자의
기대에 훨씬 미치지 못하였다. 직원들 자체가 사전컨설팅 감사제도를 잘
몰랐다. 사전컨설팅 감사제도가 어떠한 원리와 의미를 갖고 얼마나 중요한
지, 또 어떻게 우리나라 행정을 바꿀 수 있는지에 대한 지식과 확신이 부족
했다. 정부 차원에서 제도를 보급하다 보니 수동적으로 따르는 모습으로
보였다.

사전컨설팅 감사제도를 도입하게 된 행정현장의 절실한 상황과 논리, 어
려움을 뚫고 혁신적인 제도를 추진했던 개혁마인드, 사전컨설팅 감사 마인

드가 지향하는 문제해결형 정부에 대한 이해가 부족한 것으로 생각됐다. 상임감사 퇴직 후에는 아무래도 사전컨설팅 감사제도 보급에 대한 열정이 식을 수 있다. 하루라도 빨리 사전컨설팅 감사제도의 최초 도입, 실행자인 필자가 글을 직접 써야 효과가 크겠다는 생각이 들었다. 그간의 자료를 찾고 모았다. "2014~2015년도 감사개혁자료"를 책자형태로 만들어 홍보용으로 사용하였는데 아직 보관하고 있어 도움이 되었다. 업무처리의 투명성을 높이기 위해 필자가 만들었던 "경기도 사전컨설팅 감사" 홈페이지도 잘 운영되어 초기 자료를 얻거나 기억을 되살릴 수 있었다. 역시 자료는 잘 정리해 두어야 한다는 것을 다시금 깨달았다.

사전컨설팅 감사제도를 도입한 지 벌써 10년이 지났는데 제도 도입 초기의 열정적이었던 기억도 되살아났다. 글을 쓰다 보니 공직사회에 생동감을 불어넣고 이들이 춤추게 함으로써 궁극적으로 국민을 행복하게 하는 문제해결형 정부를 만들어야 한다는 의무감이 생겼다.

02

사전컨설팅 감사제도의
원리와 효과

공직자 하면 흔히 복지부동을 떠올린다. 전통적으로 관에 대한 선망이 있고 고등고시 등 치열한 경쟁을 통해 우수 인재를 선발하여 배치하는데 왜 이들이 복지부동의 대명사가 되었을까? 재량권이 있는 인허가 등의 업무를 담당하면서 허가 시에는 특혜 의혹이 따르고 불허가 시에는 민원이 발생한다. 각종 사업을 추진하는 과정에서 예상치 못한 문제가 발생하여 언론 등에서 이를 비난하는 사례가 발생하는데 이러한 경우 업무담당 공직자가 희생양이 된다. 일을 적극적으로 추진했더니 보답으로 돌아온 것은 감사부담과 문책인 경우가 상당하다. 이러한 연유로 복지부동은 공직사회에 상당히 구조화되어 있다.

한편 감사는 일단 착수하면 어느 정도 성과를 거양해야 한다. 적발을 목표로 불명확한 부분, 재량적인 부분을 집중감사한다. 수의계약이나 사업추진 중단과 같은 사항은 감사 착수 시 바로 표로 작성되어 우선적인 검토대상이 된다. 따라서 수의계약이나 사업추진 중단이 타당하더라도 특혜 시비, 예산낭비 지적 우려로 이를 실행하기가 어렵다. 또한, 규모가 큰 사업은 사업리스크가 크기도 하고 감사성과 거양에 유리하므로 우선 점검대상이 된다. 실수가 발생할 가능성이 높은 사업은 어렵고 복잡하여 검토할 사항이 많은 대형사업이다.

결국 주방에서 처리해야 할 설거짓거리가 많으면 그릇을 깰 확률도 그만큼 높다. 깨진 그릇을 기준으로 감사를 실시하면 어려운 대형사업에서 깨진 그릇이 발생하기 쉽고 이를 추진하는 업무담당자는 업무추진도 어려운데 감사에도 시달리는 이중고를 겪게 된다. 반면, 어려운 사업을 담당하지 않은 경우 일도 쉽고 감사도 안 받는 혜택을 누리게 된다.

일선 행정현장에서는 감사 관련 애로사항이 많다. 규정이 애매하여 자율적으로 업무를 처리하는 경우 특혜시비가 발생한다. 열심히 일했으나 사후에 여건변동으로 인한 실패에 대해 책임을 추궁한다. 실적을 높일 목적으로 단순 경미한 지적사항도 부풀리고 현실은 무시하고 규정만 따진다.

사전컨설팅 감사제도는 구조화된 복지부동 현상을 타파하기 위해 감사실이 자기 책임하에 복잡한 업무처리에 대해 판단을 해줌으로써 일선부서 대신 책임을 지는 '자기희생'을 바탕으로 작동한다. 판단이 애매한 상황에서 중앙부처도 법규해석을 미루고 일선부서도 일 처리를 미루는 것을 대신하여 독립성을 갖는 감사실이 감사권한으로 조사하여 판단한다. 민원인 등 조직의 이해관계자의 요구사항과 기대치에 부합하도록 행정이 이루어지도록 하는 선진적 감사기법이다. 이러한 사전컨설팅 감사제도를 통해 민원을 적극, 신속하게 처리하고 업무담당 부서는 안심하고 일을 처리한다. 업무처리 투명성을 높여 비리를 예방하고 소극행정도 방지한다. 민원해결에 집중하므로 문제해결을 위한 전문역량도 강화된다. 책임회피를 위한 무리한 사업추진, 해결하기 오래된 민원, 소극행정으로 인한 기업애로, 다수 국민 불편사항 등 다양한 문제를 해결했다.

1. 복지부동현상 발생의 논리적 분석과 고찰

가. 개요

사전컨설팅 감사제도는 정부가 규제를 아무리 개선해도 일선 공직자들이 감사가 두려워 적극행정을 하지 못하고 복지부동하여 규제개혁의 효과를 체감할 수 없다는 문제의식에서 태동되었다. 참고로 부패방지법에 따르면 공직자를 "공무원, 공직유관단체의 장과 그 직원, 사립학교의 장과 교직원 및 학교법인의 임직원"으로 규정하고 있다. 여기서 사용하는 '공직자'라는 용어는 '공무원'보다 넓은 개념으로 모든 공공기관의 종사자를 포함한다.

그렇다면 감사행태와 복지부동 현상을 구체적으로 살펴볼 필요가 있다. 우선 공직자 하면 흔히 복지부동을 떠올린다. 땅에 엎드려 움직이지 않는 다는 것이다. 낙지처럼 철판에 딱 달라붙는다고 하여 낙지부동이라고도 한 다. 눈만 굴린다는 의미에서 '복지안동'이라는 표현도 있다.

전통적으로 관에 대한 선망이 있고 고등고시 등 치열한 경쟁을 통해 우 수 인재를 선발하여 배치하는데, 왜 이들이 복지부동의 대명사가 되었을까? 소극적인 사람들만 모인 것인가? 그렇지 않을 것이다. 재량권이 있는 인허 가 등의 업무를 담당하면서 허가 시에는 특혜 의심이 따르고 불허가 시에 는 민원이 발생한다. 각종 사업을 추진하는 과정에서 예상치 못한 문제가 발생하여 언론 등에서 이를 비난하는 사례가 발생하는데 이러한 경우 업무 담당 공직자가 희생양이 된다. 일을 적극적으로 추진했더니 보답으로 돌아 온 것은 감사부담과 문책이다.

이러한 연유 등으로 해서 공직사회에서 복지부동은 상당히 구조화되어 있다. 그러면 복지부동현상을 조금 더 상세히 들여다보자. 먼저 법규가 명 확하고 사업추진의 결과예측이 확실한 경우에는 복지부동이 발생하지 않는 다. 이러한 경우 업무를 기한 내에 처리하지 않을 이유가 없고 이를 위반할 경우 명백한 문책대상이 되기 때문이다. 결국 복지부동은 법규가 불명확하고 사업추진의 결과예측이 불확실한 경우 발생한다. 이러한 경우 일선 공직자의 입장과 중앙부처 업무담당자의 입장을 나누어 살펴보자.

나. 일선 공직자의 입장

법규가 불명확한 상태에서 업무를 처리해야 하는 적극적인 공직자 '왕적극'의 경우를 상정해 보자. 그는 법규가 불명확하여 해석이 요청되는 경우 인허가 등의 업무를 수행하기 전에 그 법규를 관장하는 중앙부처에 유권해석을 요청할 것이다. 중앙부처는 통상 관련 법규를 설시한 후 현장을 잘 알지 못하는 관계로 현장에서 인허가권자가 법규에 맞게 업무를 잘 처리하시기 바란다는 내용으로 회신한다. 정확한 해답을 얻지 못한 '왕적극'은 이에 굴하지 않고 자기가 의지할 수 있는 다른 대안을 모색한다.

감사를 통해 업무의 적정성을 가려주는 감사실이다. 감사실을 방문해서 어떻게 일을 처리하면 문제가 없는 것인지 미리 검토해 달라고 요청하는데, 감사실 직원은 감사라는 것은 일 처리 후에 이를 점검하는 것이므로 미리 답을 줄 수 없다고 하면서 법규와 절차에 따라 일을 잘 처리하라고 조언한다. 감사실에서도 답을 얻지 못한 '왕적극'은 이제 선배 공직자에게 자문을 구한다. 선배 공직자는 자기가 공직생활을 하면서 힘들고 고생했던 감사경험을 떠올리며 공직생활 동안 감사지적 당할 일을 하지 않는 것이 최선이라고 조언한다.

이러한 과정을 거친 '왕적극'이 고심 끝에 민원인의 입장에서 법규를 적극적으로 해석하여 인허가를 해주었다고 상정해 보자. 이 경우 '왕적극'은 감사리스크에 그대로 노출된다. 감사는 통상 업무담당자가 비위를 저질렀는지 의심하는 방식으로 진행되므로 감사 시에는 중앙부서에서 인허가가 가능하다는 답변이 없었는데도 인허가를 해준 사유와 근거를 '왕적극'에게 요청하게 된다. '왕적극'은 확실한 근거를 제시하기 어렵고 그런 연유로 집중적인 감사를 받는다. 그 과정에서 경미한 절차위반이라도 나오거나 언론 등에서 특혜의혹을 제기하는 경우에는 문책을 당하기 십상이다.

이러한 경험을 한 '왕적극'은 향후 확실한 것만 허가를 해주고 조금이라도 애매하면 민원인에게 확실하다는 것을 입증하도록 각종 서류를 제출하도록 하고 입증부담을 전가한다. 이런 방식으로 일을 계속 처리했더니 감사받을 일도 생기지 않고 자신의 업무수행도 편하다. 적극적이던 그는 어느새 복지부동의 공직자로 변화된다. 결국 복지부동은 현 행정시스템하에서 합리적인 공직자의 최종 안식처다.

법규 명확 / 예측 확실	신속 · 공정 행정(문제 안됨)
법규 불명확 / 예측 불확실	복지부동 발생 영역

중앙부처 유권해석 요청	현장에서 맞게 잘 처리 하시길(현장 모름)…….
감사실에 문의	절차와 법규 잘 지켜 처리하면 되지 ……
선배 직원에 자문	공직생활 동안 감사지적 안 당하는 것이 상책…
감 사 행 태	설거지 하다 그릇 깬 사람 처벌 (설거지 안하고 놀면 감사 안 받음)

다. 중앙부처 제도운영 담당자의 입장

중앙부처의 경우 소관 법규에 관한 유권해석 요청이 오면 구체적인 사실 관계를 파악하여 그에 맞는 정답을 주는 것이 타당하다. 하지만 현장상황을 제대로 알지 못하고 자칫 허가 등이 가능한 것으로 명확하게 답변을 하는 경우 이를 이용하여 실제로는 허가가 될 수 없는 경우에까지 허가 등이 나가는 상황이 발생할 수 있다. 따라서 유권해석 요청이 있는 경우 관련 조항을 기술하고 현장에서 허가권자 등이 이에 맞도록 업무를 처리하라는 식으로 답변을 보내는 것이 자기 입장에서는 합리적이다.

2. 감사행태와 관련하여 제기되는 모순과 불만사항

가. 감사와 설거지론

감사는 일단 착수하면 어느 정도 성과를 거양해야 한다. 감사를 해 놓고도 지적사항이 별로 없으면 놀았다거나 봐주었다는 평가를 받게 되고 감사기관의 위상도 서지 않는다. 그래서 적발을 목표로 하게 되고 불명확한 부분, 재량적인 부분을 집중감사한다. 수의계약이나 사업추진 중단과 같은 사항은 감사 착수 시 바로 표로 작성되어 우선적인 검토대상이 된다. 따라서 수의계약이나 사업추진 중단이 타당하더라도 특혜 시비, 예산낭비 지적 우려로 이를 실행하기가 어렵다.

또한, 규모가 큰 사업은 사업리스크가 크기도 하고 감사성과 거양에 유리하므로 우선 점검대상이 된다. 그런데 어렵고 복잡한 대형사업은 검토해야 할 사항이 많아 실수가 발생할 가능성도 높다. 결국 주방에서 처리해야 할 설거지가 많으면 그릇을 깰 확률도 그만큼 높다. 깨진 그릇을 기준으로 감사를 실시하면 어려운 대형사업에서 깨진 그릇이 발생하기 쉽고 이를 추진하는 업무담당자는 업무추진도 어려운데 감사에도 시달리는 이중고를 겪게 된다. 반면, 어려운 사업을 담당하지 않은 경우 일도 쉽고 감사도 안 받는 혜택을 누린다는 모순이 발생한다.

나. 일선 현장에서 느끼는 감사 관련 애로사항

규정이 애매하여 자율적 업무처리 시 특혜시비 발생   규정이 애매한 경우에도 기한 내에 어떤 식으로든지 업무를 처리해야 한다. 허가를 하는 경우 특혜시비가 발생하고 불허가 시에는 민원이 발생한다. 허가신청에 대해 불허가를 하는 경우 형평성의 원칙을 준수하기 위해 다른 허가신청도 불허가 처리하는 관행이 생긴다. 법규가 금지하지 않는 것으로 판단하여 적극적으로 허가를 해주는 경우 감사 시 판단근거의 제시를 요구받는 등 감사의 집중 타겟이 된다.

열심히 일했으나 사후 여건변동으로 인한 결과책임 추궁　　미래는 불확실하고 객관적인 수요예측 등 합리적 판단을 도와줄 시스템이 없는 상황하에서 적극행정을 한다는 차원에서 열심히 사업을 추진한다고 하더라도 문제가 발생할 수 있다. 기대했던 사업이 예상과 달리 잘 안 풀려서 문제가 발생하는 경우 사업추진 반대 진영이 언론 등과 함께 비난하면서 업무담당자 및 책임자에 대해 문책할 것을 요구한다. 이에 대응하는 과정에서 사업추진도 힘들어지고 사업추진 담당자들에 대해 책임을 묻는 방식으로 사안이 종결되면 '발목잡기식 감사'라는 불만이 제기된다. 행정제도와 시스템이 불완전하여 발생하는 문제에 대해서도 감사를 통해 책임을 묻지 않는다는 비난이 생길까 봐 업무담당자를 희생양 삼아 과도한 문책을 하는 경우도 있다.

실적거양 목적으로 단순 경미사항도 부풀려 지적　　감사는 통상 상급기관에서 하급기관을 대상으로 하게 되는데 감사를 실시하고도 빈손으로 돌아가기가 어렵다. 실적이 없으면 놀았다거나 사전감사준비가 부족했다는 비난이 발생할 수 있으므로 최고로 잘하는 우수기관에 대한 감사를 하더라도 감사지적사항을 내야 한다. 이러한 경향 때문에 감사현장에서 감사를 받는 업무담당자의 의견은 무시하고 감사자의 의견에 따라 확인서나 의견서를 작성하라는 요구를 하기도 한다. 감사를 받는 사람의 입장에서는 불합리하고 억울해도 따르지 않을 경우 추가 감사나 보복이 있을까 두려워 요청대로 따르는 경우가 아직도 발생한다.

규정만 따지고 현실은 무시하는 편협된 시각　　행정환경은 끊임없이 변하고 모든 제도는 일정한 한계가 있으므로 현실에 맞게 법규를 끊임없이 개선해야 한다. 그러나 그러지 못하여 행정현실이 이에 따르지 못하는 경우도 상당하다. 겸직금지를 예로 살펴보자.

통상 공공기관의 취업규칙에 직원은 영리를 목적으로 하는 겸직을 할 수 없도록 되어 있는데, 기관장의 허가와 같은 예외조항을 마련하지 않는 경우가 있다. 공무원의 경우 기관장의 허가를 얻으면 겸직이 가능하고, 사업자등록을 해야 하는 상가임대 등도 일정범위 내에서 허용된다.

그러나 취업규칙에 겸직금지만 있고 예외 규정이 없는 경우 공공기관 직원이 상가임대와 같은 사업을 하였을 때에 겸직의무 위반으로 문책 대상이 되어야 하는 지가 문제된다. 공무원도 어느 정도 사업이 가능한데 공무원도 아니고 인허가 등 권력과도 관계없는 공공기관의 직원이 전혀 겸직을 할 수 없다면 불합리하다.

규정만 따지면 취업규칙 위반으로 문책의 대상이 된다. 그러나 공무원도 일정범위 내에서 겸직을 허가하는 점에 비추어 이러한 취업규칙은 불합리하다. 오히려 공공기관 경영진이 취업규칙을 합리적으로 개정하는 노력을 하지 않았다고 볼 수 있다. 이런 사안에 대한 감사 시에는 먼저 규정의 적정성과 현실성을 따져보고 불합리한 경우 규정을 고치도록 제도개선하는 감사를 하는 것이 타당하다.

그러나 적발 위주 감사를 하는 경우 복잡한 제도개선보다는 단순 규정위반 지적을 통해 문책 건수를 높이는 것이 편하고 익숙하다. 규정에만 집착하는 이러한 감사행태는 감사에 대한 불신과 불만을 조장하고 당당하지 못하고 기회주의적인 공직 문화 형성에 기여할 뿐이다.

과잉·중복감사   공직자로서 일을 하면 감사가 필수다. 중앙부처를 보면 감사원 감사, 국회의 각종 보고와 감사·조사가 있다. 각종 고발·고소, 언론보도 등에 따른 수사기관의 자료요구와 조사도 공직자의 입장에서는 감사와 유사하다. 중앙부처의 산하기관으로 내려가면 앞에 설시한 감사·조사 외에 중앙부처 감사가 추가된다. 그러면 지방자치단체의 경우는 어떠할까? 시·도와 같은 광역지방자치단체는 감사원 감사, 국회 감사·조사, 중앙부처 감사 외에 지방의회 감사·조사가 추가된다. 시·군·구 기초자치단체는 광역지방자치단체 감사가 추가된다.

한편으로 감사의 종류도 다양하다. 특별한 일이 없어도 정기적으로 실시하는 종합감사, 분야별 특정감사, 제보 등에 따른 특정업무에 대한 감찰조사, 민원제기에 따른 민원조사, 명절 등에 실시하는 공직기강 점검이 있다. 시·군·구 공무원은 감사를 통해 업무를 배운다는 말이 나온다.

감사받는 구조를 보면 피라미드를 닮았다. 집행현장으로 내려갈수록 감사가 증폭되고 과잉·중복감사가 발생하는 구조다. 자체감사의 독립성과 감사역량을 강화해서 자체감사의 신뢰성을 제고하는 한편, 감사기구 간 역할 조정을 잘해야 하는 이유다.

고무줄 잣대   감사를 받는 사람의 입장에서 감사관의 말이 '법'이 되는 것이 현실이다. 감사관의 말에 이의를 제기하거나 반대 견해를 제시하면 괘씸죄에 걸려 감사에 시달리기 십상이다. 같은 사안을 두고도 어떤 감사관은 적극행정이라 하고 어떤 감사관은 잘못이라고 하는 경우도 있다. 감사관이 현장에 가서 직원을 면담하고 서류를 검토할 때 사실관계를 따지는 것이 아니라 잘잘못을 따지기 때문이다.

주관적 판단에 따라 경미한 사항을 중한 사항으로 만들어 징계를 요구하는 경우도 있다. 현장감사 때 까다로운 감사관을 만나 노이로제가 생길 정도로 힘들어한다. 실지감사 현장에서 감사관의 주관적인 판단에 따라 구두로 이렇게 하라 저렇게 하라고 개인 지도하는 것은 큰 폐해다. 해결이 가능한데도 민원을 해결하지 않고 있어 그 근거가 무엇이냐고 물었더니 몇 년 전 감사를 받을 때 감사관이 그렇게 하도록 했다는 경우도 있다.

실지감사 현장에서는 객관적인 사실관계를 수집하고 감사받는 사람의 의견을 최대한 청취해야 한다. 문제점은 감사결과 처리과정에서 공식적인 질문서를 통해 지적해야 한다.

사후감사의 비효율성　　통상 감사는 사후에 이루어진다. 필자가 감사원에서 수많은 감사경험을 통해 느낀 점은 감사성과에 비해 감사가 고되고 비효율적이라는 것이다. 감사를 하면서 문제점을 발견하면 최초의 원인을 찾아야 한다. 문제발생 원인을 찾다 보면 업무책임자가 퇴직을 했거나 징계시효가 지나서 책임추궁을 할 수 없는 경우가 상당하다.

문제가 발생한 대규모사업의 경우 계획수립, 사업자선정 등 사업 초기에 잘못에 기인한 경우가 많으나 서류나 관련 장부 확보의 어려움, 담당자의 잦은 순환보직, 핵심 책임자 퇴사 등 시간 경과에 따른 조사한계가 발생한다. 조사하기도 어렵고 힘들게 조사해도 책임을 물어야 할 사람은 없고 결국 현재 처분가능한 경미한 사항을 지적하는 것으로 감사를 마무리하는 경우도 있다. 큰 잘못이 있는 것 같은데 조치가 약하고 솜방망이라는 비판을 받게 되는 이유 중 하나이다.

3. 사전컨설팅 감사가 작동하는 원리

가. 감사실의 자기희생과 감사역량

중앙부처에서 유권해석을 명확하게 하지 않거나 일선 행정현장에서 소극행정을 하는 복지부동의 발생 원인은 불확실한 환경하에서 서로 감사책임을 지지 않으려 하기 때문이다. 그리고 그간 적발 위주의 권위주의적인 감사행태가 이러한 성향을 더욱 강화시켰다고 볼 수 있다. 그런데 감사실은 감사를 통해 구체적인 업무현장을 점검할 수 있고 행정업무처리가 법규위반인지 여부를 따지는 기능을 수행하고 있고 업무추진부서로부터 독립성을 유지할 수 있으므로 감사실이 책임지고 어려운 문제를 대해 명확한 해답을 줄 수 있다.

다만, 문제가 되는 것은 감사실의 업무가 폭증하고 판단과정에서 발생할 수 있는 실수 등에 따른 책임부담이 문제가 된다. 따라서 사전컨설팅 감사를 실시한다는 것은 과거와 달리 감사실이 업무담당부서에 대해 감사책임을 묻는 것이 아니라 오히려 다른 부서나 기관의 복잡한 문제에 대해 책임을 지겠다는 것이다.

같은 기관 내에서도 부서가 다를 경우 조그만 일이라도 책임부담을 회피하기 위해 서로 업무를 떠넘기는 것이 일반적인데도 감사실이 어려운 문제를 스스로 떠안게 되는 것이므로 기존의 관념을 완전히 뒤바꾸는 패러다임의 변화가 일어난다. 사전컨설팅 감사 마인드는 기존에 감사를 받는 소위 '을(乙)'의 처지에 있는 일선부서의 책임을 감사를 하는 소위 '갑(甲)'의 지위에 있던 감사실이 대신 지는 시스템이다. 감사실의 자기희생이 없이는 목표가 달성될 수 없다.

2015년 한국행정연구원이 발간한 "우수 정책사례 관리·확산 방안 연구 과제 최종보고서"에서는 사전컨설팅 감사제도를 우수사례로 소개하면서 성공요인으로 ① 희생을 감수하는 감사관실의 적극행정 마인드와 혁신역량, ② 규제개선을 위한 실현 의지, ③ 사전컨설팅 감사제도에 대한 적극적 홍보를 들었다. 위 연구에 따르면 사전컨설팅 감사의 필요성은 그동안 꾸준히 제기되어 왔으나 감사관실이 사전에 의견을 표명하는 경우 그 결과에 대해 사업부서 대신 감사관실이 책임을 져야 하기 때문에 우리나라의 거의 모든 감사부서에서 사전컨설팅 감사 요청을 외면하였다고 본다.

일선 민원공무원들이 감사 책임이 부담되어 규제완화에 소극적일 수밖에 없었던 것처럼 경기도 감사관실도 컨설팅감사 결과에 대한 책임이 부담되었다면 이 제도의 실현은 요원한 일이었을 것으로 평가했다. 그러나 감사 책임자인 감사관이 우선적으로 결과에 대한 모든 책임을 지도록 최종의견을 검토하고 결재하므로 사전컨설팅 감사 담당자들도 자신들의 업무태만으로 감사관이 책임을 지는 일이 발생하지 않도록 최선의 노력으로 업무를 수행한 점을 성공요인으로 보았다. 소위 '갑(甲)'인 감사관실이 오히려 남을 대신하여 감사를 받는 '을(乙)'로 바뀐 점과 감사를 사후 적발에서 사전예방으로 바꾼 점이 감사 패러다임의 혁명적인 변화를 수반하게 된 것으로도 보았다.

또한, 위 연구에서는 사전컨설팅 감사를 성공시키기 위해서는 요청 사안을 자기 일처럼 적극적이고 다양한 방법으로 문제해결을 위해 노력하는 적극적인 마인드와 함께 문제를 풀어낼 수 있는 역량, 즉 경험과 노하우가 필요하다는 점을 언급하였다.

실제로도 사전컨설팅 감사를 신청해도 성의없이 소극적·형식적 검토만 하고 민원이 해결되지 않으면 사전컨설팅 감사가 활성화되지 않는다. 따라서 민원인이 억울하지 않도록 어렵고 복잡한 문제를 잘 해결하기 위해서는 감사실의 문제해결 역량이 높아야 한다.

구조화된 복지부동을 타파하기 위해서는

▶ 누군가 불명확한 상황에서 특정 조치가 문제없다는
의견 표명 필요(기관장 등은 당사자여서 제외)

▶ 일하는 사람을 지원하는 감사 시스템으로 전환 필요

☞ 감사실이 현장을 점검하고 사업부서 문의에
명확한 의견을 표명하고 책임을 지면 해결

나. 감사실의 독립성과 객관성

「공공감사에 관한 법률」에 따르면 감사기구의 장은 자체감사활동에서 독립성이 최대한 보장되어야 하고 일정 규모 이상의 중앙행정기관 및 지방자치단체의 장은 감사기구의 장을 개방형 직위로 임명하도록 되어 있다. 또한, 감사기구의 장은 자체감사를 위하여 필요한 때에는 관계서류 장부 및 물품의 제출 요구, 출석 및 답변 요구, 징계 및 개선 요구 등 감사에 필요한 권한을 갖는다. 자체감사기구는 해당 기관에 소속되지만 그 기관으로부터 상당한 독립성을 보장받고 있고 감사권한을 통해 발생한 문제에 대해 심층적인 조사를 할 수 있는 권한이 있다.

그리고 소속기관을 대상으로 감사를 실시하므로 어떠한 방식으로 업무를 처리하는 경우 감사 지적을 당하는지도 알 수 있다. 따라서 법규를 제정·운용하는 중앙부처와 실제 현장에서 이를 적용하는 업무담당부서로부터 독립하여 업무처리의 적정성과 타당성을 바라볼 수 있다.

감사인의 객관성도 필요하다. 국제내부감사인협회(IIA, Institute of Internal Auditors)에 따르면 객관성은 "내부감사인이 감사결과를 믿고 질적인 타협

없이 업무를 수행하도록 하는 편견없는 정신적 태도"다. 감사인은 공정하고 편향되지 않은 태도를 가져야 하고 어떠한 이해상충(Conflict of Interest)도 반드시 피해야 한다. '이해상충'이란 "신뢰관계에 있어야 할 내부감사인이 직무상 또는 개인적으로 경쟁적인 이해관계를 갖고 있는 상태"다. 감사책임자가 감사인으로 하여금 특정업무를 수행하도록 배정할 때 잠재적인 객관적 손상을 고려하고 이해상충이 발생할 수 있는 구성원을 참여시키지 않으면 된다. 감사 착수 전에 이해상충 리스트를 만들어 체크하는 등의 방법이 있다.

한편 기관 내부에 있는 감사부서에서 수행하는 감사를 내부감사라 하고, 기관 외부의 회계법인, 감독기관 등에서 수행하는 감사를 외부감사라 한다. 「공공감사에 관한 법률」에서는 내부감사를 자체감사라 부르고 있다.

다. 감사실의 감사권한

「공공감사에 관한 법률」에 따라 감사기구의 장은 자체감사 대상기관 또는 그 소속 공무원이나 직원에 대하여 출석·답변이나 자료제출 요구권을 갖는다. 소속기관의 모든 행정정보에 접근할 권한과 모든 부서에 대한 업무협조 요청 권한을 가지므로 이러한 권한을 갖는 기구가 고객인 국민을 위한 행정을 하게 되면 소위 돈 없고 빽 없는 일반국민에게 '든든한 의지처'가 될 수 있다. 경기도의 경우를 보면 규제완화와 기업지원을 담당하는 부서가 따로 있어 이들은 기업의 애로사항을 조사하고 제도개선하는 업무를 수행한다.

그런데 이들 부서가 업무를 수행하는 행태를 보면 기업애로사항이 접수되면 소관부서나 기관에 의견을 조회하게 되는데, 이에 대해 성의 있는 의견을 보내는 경우가 별로 없다. 기다려봐도 해결되는 민원도 별로 없는데 정부차원에서 규제개선이 있는 경우 이를 자기 부서의 실적으로 삼는다.

이들 부서는 기업애로사항을 접수하는 종합창구일 뿐 개별 사안을 잘 판단해서 문제없이 일을 처리해 줄 권한이나 역량이 없어서이다.

경기도 감사관실에서는 다른 부서에 보관되어 있는 과거 오래된 자료도 직접 찾아오고 부서 칸막이를 뛰어넘는 협조를 통해 기존에 생각하지 못했던 해결방안을 마련하는 등 생동감 있는 확실한 일 처리를 했다. 당시 필자는 찾아가는 기업애로기동해결단을 운영하면서 기업지원 담당부서가 '화살'을 쏘고 있다면 감사관실은 '스마트 미사일'을 쏘는 것이므로 감사실에서 기업지원 역할을 해야 한다고 주장했다.

라. 국민의 기대치에 부응하게 도와주는 선진적 감사기법

국제내부감사기준의 보조지침(Supplemental Guidance) "인재관리 − 훌륭한 팀원의 모집, 육성, 동기부여 및 유지(Talent Management − Recruiting, Developing, Motivating, and Retaining Great Team Members)에 따르면 인재를 채용하기 전에 최고감사책임자는 이해관계자들의 요구사항과 기대사항을 이해하고 직무역량평가를 실시하도록 되어 있다.

그리고 내부감사에 대한 이해관계자의 요구사항과 기대치는 계속 변하는데, ① 외부감사인은 내부감사가 수행한 업무를 더 많이 활용하고 있고, ② 투자자들은 조직의 투명성을 더 높이도록 요구하고 있으며, ③ 규제기관은 지배구조(governance)와 위험관리 실무에 대해 정밀조사를 더 많이 하는 방향으로 변하고 있다. 이러한 요구사항과 기대치에 부응하기 위하여 내부감사는 전통적으로 해왔던 법규준수와 통제평가(control evaluation) 및 점검(testing)을 넘어서서 조직에 대한 전략적 조언자가 되어야 한다는 것이다. 과거 감사는 법규준수라는 내부통제 역할에 한정되었으나 이제는 조직이 민원인 등 이해관계인의 요구사항과 기대치에 부응할 수 있도록 도와주는 전략적 조언자 역할도 수행해야 한다.

사전컨설팅 감사는 판단이 어려운 사안에 대해 조직목표 달성의 관점에서 문제해결을 위한 적극적인 의견을 제시한다. 명확한 유권해석을 촉구하고 법규의 투명성을 높이는 한편 문제점도 제시하여 제도 개선을 촉발시킨다. 판단이 어려운 사항에 대한 명확한 의견제시는 행정의 불확실성이라는 위험을 제거하여 조직의 투명성을 높인다. 또한, 사전컨설팅 감사를 거친 사안은 외부에 투명하게 공개되고 있다. 이에 따라 국민 등 행정조직 외부인은 감사결과와 의견을 더 많이 활용하여 민원해소방법을 찾는 등 부가적인 가치를 창출할 수 있도록 도와준다. 사전컨설팅 감사는 조직이 이해관계인인 국민의 기대치에 부응할 수 있도록 도와주는 선진적 감사기법이다.

4. 사전컨설팅 감사의 기대효과

가. 민원의 적극, 신속해결로 국민만족도 제고

사전컨설팅 감사를 신청하는 경우 감사실이 업무처리의 적법성과 타당성을 검토해 준다. 업무담당 공직자는 이에 따라 업무를 처리하면 되므로 어려운 민원이라고 하더라도 그 처리를 미룰 필요가 없다. 허가가 되면 민원이 해결된다. 불허가가 되더라도 그 사유를 명확하게 알려 주기 때문에 민원인은 그다음 대책을 신속하게 세울 수 있다. 불허가의 사유가 중앙부처의 훈령이면 중앙부처, 법률이면 국회를 대상으로 제도개선 민원을 제기할 수 있다. 시설이나 주변환경이 불허가 사유이면 이를 시정하거나 장소를 바꾸어 허가 등을 신청할 수 있다. 그리고 업무담당자는 본능적으로 감사로부터 안전을 확보하기 위해 최대한 가능한 조치보다는 다소 보수적인 조치를 취하는 경향이 있는데, 감사실에서는 감사 지적이 발생하지 않을 정도의 최대한의 조치가 가능하도록 하는 사전컨설팅 감사의견을 줄 수 있다. 또한, 업무담당자가 자기 혼자 법규를 해석하여 안 된다는 불허가 처분을 하는 것보다 감사실 검토까지 거치는 경우 업무처리의 신뢰성이 높아지고 결국 국민의 만족도도 높아진다.

나. 실수의 사전예방 및 업무 불안감 제거로 생산성 증가

사전컨설팅 감사는 업무를 처리하기 전에 미리 적법성 등에 대한 검토를 요청한다. 감사실이 업무를 검토하는 과정에서 법규위반의 발생을 미리 방지하는 한편, 업무처리와 관련하여 감사지적이 되는 실수가 발생하지 않도록 안내할 수 있다. 향후 업무에 대한 감사가 있을 때에도 감사의견을 따랐을 경우 면책이 되므로 업무담당자는 큰 부담 없이 감사에 임할 수 있다. 업무를 처리한 후에 불안감이 없어지면 공직사회의 업무 스트레스를 줄여서 업무 생산성을 높일 수 있다.

다. 투명성 제고를 통한 비리 예방 및 소극행정 방지

사전컨설팅 감사를 하는 경우 감사실에서 관련 업무를 상세히 검토하게 되어 업무처리의 투명성이 높아지고 발생할 수 있는 금품향응 제공 등의 비리가 차단될 수 있다. 인허가가 빨리 나오지 않으면 민원인의 입장에서는 인사치례 차원에서라도 업무담당자에게 금품 등을 제공하지 않아서인지 불안하게 되고 비리로 이어질 수 있다. 한편 상급자가 특정인의 부탁을 받아 비정상적인 업무처리를 요구하는 경우도 있다. 하급자는 반발하고 싶어도 조직의 위계질서상 이러한 행위가 쉽지 않다. 특히 선거직 자치단체장이나 지방의회의원들이 표를 의식하거나 개인적 이익을 위해 무리한 민원 해결을 직업공무원들에게 요구하고 말을 듣지 않으면 인사 불이익이나 예산 삭감 등 불이익 조치를 취할 수 있다. 지방공무원들이 현장에서 느끼는 애로사항이고 행정리스크다.

사전컨설팅 감사를 활성화하면 불합리한 요구에 대해 해당 감사실의 공정한 판단을 받아 업무를 처리할 수 있다. 감사실이 공정한 판단을 할 수 있는 여건조성도 중요하므로 자체감사책임자는 반드시 외부 개방형으로 임명되도록 해야 한다. 반면에 상급자가 적극행정을 하기 위해 어렵고 복잡한 사업을 추진하려고 하는데도 하급자는 일이 부담이 돼서 감사를 핑계로 업무추진을 반대하는 경우도 있다. 이러한 사례 역시 사전컨설팅 감사를 통해 소극행정을 방지할 수 있다.

라. 문제해결을 위한 전문역량 강화

사전컨설팅 감사는 통상 쉽게 판단이 서지 않는 업무를 미루지 않고 처리하게 한다. 허가의 경우 문제를 조기에 해결하고 불허가의 경우에도 민원인에게 다른 대안을 찾도록 안내하는 기능이 있다. 법규 위반 없이 민원을 해결해 주는 사례가 많아야 사전컨설팅 감사가 신뢰를 얻을 수 있다. 사전컨설팅 감사를 신청해도 성의없이 소극적·형식적 검토만 하고 민원이 해결되지 않은 경우가 많으면 사전컨설팅 감사가 활성화되지 않는다. 민원인이 억울하지 않도록 어렵고 복잡한 문제를 잘 해결하기 위해서는 감사실의 문제해결 역량이 높아야 한다. 사전컨설팅 감사는 감사실의 업무 전문성을 획기적으로 높이는 결과를 가져온다.

마. 유용한 감사정보 확보 및 좋은 감사사항 발굴

사전컨설팅 감사를 수행하면 감사실 내부 차원에서는 생각하지 못한 다양하고 생생한 업무현상을 쉽게 파악할 수 있다. 어느 부서에서 상하 간 갈등이 있고 어떤 업무에서 비리가 발생할 수 있는지 알 수 있다. 민원인에게 불편을 야기하여 제도개선을 위한 심층적인 감사가 필요한 분야도 쉽게 파악된다. 이러한 생생한 감사정보를 축적하면 국민에게 도움이 되는 감사사항을 발굴할 수 있고 비리발생 방지를 위해 내부통제를 강화해야 하는 분야도 알 수 있다.

5. 사전컨설팅 감사제도의 문제해결 마인드와 업무처리 절차

가. 사전컨설팅 감사제도의 문제해결 마인드

필자가 처음 사전컨설팅 감사를 실시하면서 했던 구상은 업무담당 공직자와 민원인에게 로펌과 같은 서비스를 제공하는 것이었다. 공무원 조직 내부의 유사사례를 보면 처음에는 법규해석과 관련한 담당 부서가 없었으나 점차 법규 해석을 필요로 하는 경우가 많아지니 법무담당관실이 생긴 것처럼 적극적인 문제해결 관련 부서를 만든다는 생각이었다. 로펌의 경우 법률용역이 접수되면 의뢰인의 입장에서 역량을 총동원하여 법적 해결방법을 찾아내려고 노력한다. 이와 마찬가지로 사전컨설팅 감사가 접수되면 최대한 민원인의 입장에서 문제를 해결할 수 있도록 노력한다면 특별한 배경이나 힘이 없는 일반 국민에게 감사실이 든든한 지원군이 될 수 있을 것으로 생각했다.

일반 국민이 공직자의 공정성에 대해 불신을 갖는 것은 힘이나 돈이 있는 사람은 기관장이나 고위 공직자에게 부탁하여 자기 민원을 잘 처리해 달라고 할 수 있는 통로가 있고 이런 경우 다른 민원에 비해 우호적으로 검토처리된다고 생각하기 때문이다. 공무원의 입장에서 시장 등 인사권이 있는 사람이 관심을 보이는 민원에 대해서는 최선을 다해 검토함으로써 인사상의 보답을 바랄 수 있는 것이다. 사전컨설팅 감사가 도입되면 힘없는 일반 국민도 감사실을 통해 품질 높은 민원서비스를 제공받을 수 있게 된다.

나. 사전컨설팅 감사의 업무처리 절차

사전컨설팅 감사는 업무추진 시 관계 법령 등의 불명확한 해석으로 적용에 어려움이 있거나 업무추진 후 환경 및 여건의 변화로 예산낭비 등이 예상되는 경우 등에 신청할 수 있다. 민원인도 직접 감사실에 사전컨설팅 감사를 신청할 수 있는지에 대해서는 각 기관에서 정하는데 경기도의 경우 민원인도 가능하다. 필자가 경기도 감사관 시절 사전컨설팅 감사 신청이 접수되었을 때 진행했던 절차는 다음과 같다.

┃ **표 1** 사전컨설팅 감사 신청에 따른 문제해결 절차

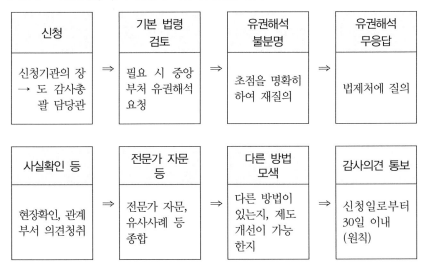

먼저 관계 법규를 살펴보고 법규를 관장하는 중앙부처의 유권해석이 필요한 경우 감사실에서 직접 질의를 한다. 답변이 모호하거나 납득이 되지 않을 경우 재차 질의를 했다. 정확한 답변이 오지 않으면 질의 초점을 명확히하여 다시 재질의하였다. 일선 부서가 아닌 감사실이 유권해석을 요청해

서인지 유권해석을 사리에 맞게 변경해 주는 경우도 있었다. 당시 사전컨설팅 감사제도에 대해 대통령의 칭찬 등이 있어 전향적으로 유권해석을 변경해 주는 것이 아닌가 하는 느낌이 들었다. 유권해석을 요청했으나 답변이 어려워서인지 답변을 빨리 해주지 않는 경우도 있었다. 답변을 주지 않으면 소극행정으로 보고 법제처에 질의하겠다고 했더니 답변을 받은 적도 있었다.

법제업무 운영규정

제26조(법령해석의 요청)

① 중앙행정기관의 장은 지방자치단체의 장 또는 민원인으로부터 법률적 판단이 필요한 질의를 받는 등 법령을 운영·집행하는 과정에서 해석상 의문이 있는 경우에는 행정운영의 적법성과 타당성을 보장하기 위하여 「행정기본법」 제40조제3항에 따른 법령해석업무를 전문으로 하는 기관(민사·상사·형사, 행정소송, 국가배상 관계 법령 및 법무부 소관 법령과 다른 법령의 벌칙조항에 대한 해석인 경우에는 법무부를 말하고, 그 밖의 모든 행정 관계 법령의 해석인 경우에는 법제처를 말한다. 이하 "법령해석기관"이라 한다)에 법령해석을 요청하여야 한다.

② 생략

③ 지방자치단체의 장은 법령해석기관에 법령해석을 요청하려면 그 법령 소관 중앙행정기관의 장에게 법령해석을 요청하여 그 회신을 받아야 한다.

④ 지방자치단체의 장은 제3항의 회신 내용이 불명확(회신은 있으나 사실상 의견이 없는 경우를 포함한다)하거나 잘못되었다고 판단되는 경우에 그 회신 내용을 첨부하여 법령해석기관에 법령해석을 요청할 수 있다. 다만, 중앙행정기관의 장이 제3항에 따라 법령해석을 요청받고도 1개월 이내(특별한 사유가 있는 경우에는 그 지연 사유를 통보함으로써 1개월 이내의 기간을 정하여 한 차례만 연장할 수 있다)에 회신을 하지 아니하는 경우에는 법령 소관 중앙행정기관의 장의 회신 내용을 첨부하지 아니할 수 있다.

일선 업무담당자들이 법제처를 이용하는 방법은 잘 모르고 있는 경우가 많다. 법제처의 「법제업무 운영규정」에 따르면 지방자치단체의 장은 중앙부처의 회신 내용이 불명확(회신은 있으나 사실상 의견이 없는 경우를 포함)하거나 잘못되었다고 판단되는 경우에 그 회신 내용을 첨부하여 법령해석기관인 법제처에 법령해석을 요청할 수 있다. 중앙부처가 답변에 소극적이거나 잘못된 유권해석을 하는 것으로 판단되는 경우 법제처를 이용하는 방법도 있다.

현재 검토하는 규정으로 문제해결이 되지 않은 경우에는 다른 규정을 적용할 수 있는지 여부를 검토하는 등 다양한 문제해결방법을 찾았다. 문제해결방법이 나오지 않으면 소관 중앙부처에 제도개선 의견을 송부했고 긍정적 답변이 오면 그 내용을 회신했다. 제도개선도 어려운 경우에는 그 사유를 있는 그대로 상세히 안내하였다.

당시 가장 어려운 사안은 오염배출 등 환경훼손 업종의 인허가 문제였다. 지역 주민과의 충분한 소통 없이 환경 관련 인허가 기준이 정교하지 않은 점을 이용하여 형식적인 기준만 갖춘 다음 감사실을 통해 인허가에 관한 긍정적 답변을 얻으려고 하는 경우가 있었다. 이러한 경우 해당 인허가 권자의 의견과 여론 등을 감안하여 최대한 신중하게 처리하였다.

법규해석 외에도 관련 서류 검토는 물론이고 현장도 점검하도록 했다. 서류 검토만으로는 발생할 수 있는 실수를 예방하기 위해서였다. 필요한 경우 전문가의 자문 및 관계부서의 협조도 구했다. 사전컨설팅 감사 결과가 나오면 감사관 전결로 의견을 확정하고 그 결과를 신청기관이나 부서에 통보했고 이 의견에 따르는 경우 면책을 하도록 했다.

6. 사전컨설팅 감사를 통한 국민만족 및 예산절감 사례

가. 책임회피를 위한 무리한 사업추진: 민방위체험 교육장 건립

최초로 사전컨설팅 감사를 접수한 것은 2014년 4월 21일로 민방위체험 교육장 건립 관련 사업추진의 타당성을 검토해 달라는 것이었다. 당시에는 사전컨설팅 감사 관련 규정이나 전담조직이 없었으나 필자가 사전컨설팅 감사를 실시하겠다는 독자 판단으로 사안을 접수하고 처리하였다. 중앙부처 보조금을 받기 위해 민방위체험 교육장 건립을 추진하여 설계비를 집행했는데, 본격적인 사업을 추진하려면 자부담(사업비의 50%)으로 5억 원의 경기도 예산이 필요했었다. 인사이동으로 부서장이 바뀌었는데 새로 부임한 부서장은 불요불급한 시설이 아니고 예산도 부족하므로 이 사업은 취소하는 것이 타당하다고 판단하였다. 실무자들은 이미 설계비 2천만 원이 집행되었기 때문에 이제 와서 사업을 취소하는 경우 감사 시 책임을 묻게 될 것이므로 곤란하다는 사유로 상하급자 간에 논쟁이 벌어졌다. 마침 사전컨설팅 감사를 실시한다고 하니 이를 이용하여 문제를 해결하고자 신청된 사안이었다.

감사관들을 투입하여 서류검토와 함께 현장을 점검하도록 하였다. 점검 결과 시설을 건립하기 위한 부지를 확보하지 못해 청소년 수련시설 부지에 시설을 설치할 예정이고, 예산부족으로 가설건축물 시설을 설치할 계획인 것이 확인되었다. 청소년 수련시설이 아니어서 시설 철거가 우려되었고 가설건축물 설치에 따른 장기적 사용의 한계와 매년 발생하는 유지관리비용 등을 감안할 때 사업추진을 중단하고 추가투입 예정인 5억 원의 예산을 절감하는 것이 바람직하다는 의견을 제시하여 문제를 해결하였다. 국고보조금을 받기 위해 입지가 부적절한 상태에서 사업을 추진하였으나 설계비를 이미 집행하여 감사부담이 된다는 사유로 추가 예산을 투입하려 했던 것이다.

만일 사전컨설팅 감사제도가 없었다면 감사책임을 면하기 위해 사업을 무리하게 추진했을 것이고 시설 건립비용은 물론이고 매년 발생하는 유지관리비용까지 감안했을 때 막대한 예산이 낭비되었을 것이다.

나. 해결하기 어려운 오래된 민원
: 50여 년 전 준공처리된 임야의 지목변경

1963년경 개간사업으로 세 필지의 토지가 '임야'에서 '전'으로 변경되어 준공처리되었고, 준공조서는 있지만 해당위치를 표시한 준공도면이 없는 상태에서 지목변경이 가능한지를 판단해 달라는 사전컨설팅 감사 신청이 있었다. 담당공무원은 사실 확인이 어려울 뿐 아니라 이를 허가할 경우 특혜시비가 우려된다며 처리를 미루다가 경기도 감사관실을 찾은 것이다.

50년 전 준공조서만으로는 판단하기가 어려워 직원들에게 해결방안을 연구하여 줄 것을 요청했다. 직원들이 노력한 끝에 경기도는 그린벨트지역이 많아 훼손방지 목적으로 항공사진을 찍어두는 경우가 많다는 점에 착안하여 1968년도 촬영된 항공사진을 찾아내었다. 항공사진을 통해 실제로 신청한 세 필지가 과거에 개간된 것으로 확인되었고 산림청 유권해석도 검토해 보니 별문제가 없었다. 지목변경이 타당하다는 의견을 제시하여 민원을 해결하였다.

다. 소극행정으로 인한 기업애로 해소: 폐천부지 매각

이미 하천기능을 상실한 부지를 지방자치단체로부터 임대받아 오랫동안 공장 용도로 사용하고 있던 기업이 해당부지에 공장을 증설하기 위해 매각을 요청하고 있으나 소극행정으로 이를 불허하고 있다는 애로가 기업애로 기동해결단을 통해 접수되었다. 감사실 직원들이 현장을 확인한 결과 폐천 신청부지는 하천으로부터 멀리 떨어져 있고 하천기능도 상실된 상태였다. 당연히 하천을 용도폐지하고 매각 등의 절차를 진행하는 것이 타당한데도 그러한 행정이 이루어지지 않고 있었다.

도지사 등 고위직에게 기업애로를 호소했고 이들이 방문까지 하여 확인 했으므로 민원이 해소될 줄 알았는데 그 후 아무런 진척이 없다는 것이다. 하천인 국유지를 폐지하기 위해서는 시·군에 설치된 하천관리위원회의 심의를 거쳐야 하는데, 회의록을 자세히 살펴보니 위원의 구성이 수문학을 하는 사람 위주로 되어 있어 이들은 자신의 영향력이 미치는 하천의 폐지를 좋아하지 않았다. 관련 법령을 보니 위원에는 경제를 아는 사람 등도 포함되도록 되어 있어 하천관리 측면과 경제적 활용 측면의 적절한 균형을 이룰 수 있으나 실제 운영은 그러하지 못하였다. 경기도 간부회의에서 이러한 위원 구성의 문제점을 지적했고 관계부서와의 협조를 통해 하천홍수 피해 예방대책 수립과 함께 일괄 조사를 통해 50건 이상의 폐천부지 관련 민원을 해결하도록 하였다.

라. 국민 다수의 불편사항: 어린이집 운영정지 처분 변경

시간연장 보육교사의 근무시간 규정이 충족하지 못했는데도 보조금이 지급되었다는 사유로 어린이집 운영정지 처분을 하였으나, 이를 과징금으로 변경처분할 수 있는지 여부에 대한 신청이 있었다. 현장을 점검해 보니 운영정지 처분을 유지할 경우 120명의 어린이집 원생이 다른 어린이집으로 옮겨야 하는 문제, 근거리 어린이집을 이용하지 못하는 불편, 새 어린이집에 대한 입소료 등 비용으로 인한 학부모의 추가 부담 등 제반 문제점이 확인되었다.

이처럼 운영정지 처분이 오히려 공익을 해칠 우려가 있고 타 시·도에서 유사 건으로 운영정지처분에 갈음한 과징금 처분사례가 있는 것을 확인하여 운영정지 처분이 과징금으로 변경가능하다는 의견을 제시하였고 민원을 해결하였다.

7. 사전컨설팅 감사 도입을 방해하는 요소

가. 감사실의 '자기 희생과 헌신' 및 문제해결 역량 필요

먼저 사전컨설팅 감사제도는 소위 '갑(甲)'과 '을(乙)'을 바꾸는 혁명성이 있다. 사전컨설팅 감사제도 도입 이전에는 판단이 어려운 업무를 처리한 공직자는 업무처리 종료 후 감사 또는 민원에 시달리는 전형적인 '을(乙)'의 지위에 있었고, 감사실 직원은 '을(乙)'의 업무를 사후에 감사하는 '갑(甲)'의 지위에 있었다. 그런데 사전컨설팅 감사제도 도입 후에는 감사실의 사전컨설팅 감사의견에 따라 업무를 처리하는 경우 그 업무책임을 감사실이 지게 된다.

즉, 감사실 직원은 어려운 업무처리에 대한 판단을 하기 위해 막대한 노력을 쏟아부어야 하는데 책임까지 져야 하는 처지에 놓이게 되는 것이다. 사전컨설팅 감사제도를 제대로 도입하기 위해서는 이러한 감사실의 자기희생이 필수적이다. 자기가 처리해야 하는 업무조차도 각종 핑계와 논리를 앞세워 다른 사람에게 떠넘기려 하는 것이 일반적인 모습인 점을 생각하면 쉽게 이해할 수 있다. 필자가 사전컨설팅 감사제도를 도입하려 했을 때 감사실 직원 어느 누구도 이에 찬성하지 않았던 이유도 이러한 점 때문이다.

두 번째로 사전컨설팅 감사제도가 성공하기 위해서는 문제해결 역량이 있고 해결해야 할 문제를 내일처럼 처리하는 열정도 필요하다. 따라서 감사를 통해 문제를 해결할 전문인력을 양성하여야 하고 적극적인 업무를 수행하는 감사실 직원에게는 그에 합당하는 보수, 승진 등 인센티브를 제공하여야 한다. 국제내부감사협회(IIA)의 국제내부감사역량체계(Global Internal Audit Competency Framework)에 따르면 10가지의 핵심역량을 정의하고 있는데 이를 참고할 필요가 있다.

│ 표 2 국제내부감사 역량체계

개선과 혁신		
내부감사 수행		
개인적 기술		
의사소통	설득과 협력	비판적 사고
기술적 전문성		
국제직무수행방안	거버넌스 · 위험 · 통제	사업 감각
내부 감사 관리		
전문 윤리		

자료: The IIA's Global Internal Audit Competency Framework, 2013

국제내부감사인협회의 내부감사역량 프레임웍(The IIA's Global Internal Audit Competency Framework, 2013)에 따르면 핵심역량의 구체적 내용은 다음과 같다. 전문 윤리와 내부감사관리는 내부감사 수행의 확고한 기초를 제공한다. 내부감사인은 높은 윤리기준에 따라 업무를 수행하고 내부감사 기능의 활동과 자원을 조화시켜야 한다. 내부감사인 전문성의 중요 초점은 국제내부감사인협회가 제공하는 감사기준인 국제직무수행방안, 조직목표달성을 도와주는 거버넌스 · 위험 · 통제 그리고 조직에 가치를 부가하도록 도와주는 사업감각이다. 또한, 내부감사인은 조직의 개선과 혁신을 이끌 수 있도록 의사소통, 설득과 협력, 비판적 사고의 역량이 필요하다.

종합하면 직무윤리와 내부감사관리를 기반으로 기술적 전문성과 개인적인 기술을 습득하여 내부감사를 수행하고 개선과 혁신을 이끄는 것이 내부감사인이 갖추어야 할 핵심역량이다. 모든 역량이 중요하지만 사전컨설팅 감사업무를 수행하기 위해서는 그중에서도 사업감각(business acumen), 비판적 사고(critical thinking), 설득과 협력(persuasion and collaboration), 개혁과 혁신(improvement and innovation)과 같은 역량이 중요하다.

사전컨설팅 감사가 접수되는 사안은 민원해결이 요청되는데도 규정이 불분명하거나 규정이 불합리한 경우가 많다. 이러한 사안을 해결하기 위해서는 사업감각과 비판적 사고를 통해 문제점을 정확하게 분석하고 규제기관을 설득하여 변화된 환경에 맞게 개선과 혁신을 이끌어 낼 수 있어야 한다.

나. 감사의 독립성과 객관성의 훼손 문제

사전컨설팅 감사제도 도입을 반대하는 또 다른 논거는 감사의 독립성과 객관성이다. 감사대상 기관이나 부서의 업무에 대해 판단을 하게 되면 사후에 감사를 독립적·객관적으로 수행할 수 없다는 것이다. 국제내부감사 기준에 따르면 독립성은 "편향되지 않게 감사책임을 수행할 수 없게 만드는 위협적인 환경으로부터 자유로운 상태"이고, 객관성은 "감사인이 감사결과를 믿고 질적인 타협 없이 업무를 수행하도록 하는 편견 없는 정신적 태도"를 말한다. 쉽게 말해 독립성은 감사실에 대한 외압, 객관성은 감사인이 갖는 편견의 문제이다.

「공공감사에 관한 법률」 등에 따라 감사업무에 대하여는 독립성이 최대한 보장되도록 되어 있어 불법적 요소가 개입하지 않는 이상 독립성은 큰 문제가 되지 않는다. 객관성의 경우 사전컨설팅 감사를 통해 미리 의견이 제시된 경우 동일한 감사인이 동일 사안을 사후에 감사하는 경우 객관성이 훼손될 수 있다.

　대규모의 예산이 투입되는 전산시스템 설계 및 구축에 대한 감사의 예를 보자. 이 경우 시스템 구축 후에 감사를 실시하는 경우 큰 문제를 발견한다고 하더라도 이미 예산이 낭비되어 사후약방문이 되므로 시스템 설계 단계부터 감사를 실시해야 한다. 이 경우 설계 시에 감사를 참여하면 그 후의 구축과정에 대한 감사는 객관성을 유지할 수 없다는 논리를 내세운다면 시스템 설계단계에 대한 감사를 실시할 수 없다는 결론에 도달한다.

　물론 시스템 설계 시부터 감사를 실시할 경우 감사인도 일부 관여가 되므로 구축과정 감사에 있어 약간의 선입관은 있을 수 있다. 그러나 설계단계부터 감사에 참여하면 큰 실수를 미리 예방할 수 있고 감사인의 업무전문성이 높아져 보다 심도있는 감사를 할 수 있다는 큰 장점이 생긴다.

　객관성을 높이기 위해 사전컨설팅 감사를 실시한 사안에 대한 사후감사 시에는 사전컨설팅 감사에 참여하지 않은 다른 감사인이 감사를 실시하는 등의 객관성 훼손방지방법도 있다. 이러한 견지에서 보면 감사의 독립성과 객관성을 내세워 사전컨설팅 감사제도를 반대하는 것은 받아들이기 어렵다.

　한편 우리 사회에서 조직이 만들어지는 것은 공동의 목표, 즉 해결할 문제가 있어서다. 소규모 집단의 조직을 넘어 마을, 시·군, 국가 단위가 만들어진 것은 각각의 단위마다 해결할 문제가 있어서다. 국가 단위로 조직이 확장되면 해결해야 할 문제들이 끊임없이 생기고 변화한다. 국가나 지방자치단체도 문제해결을 위해 존재하고 감사기능의 경우 조사의 신뢰성을 높이기 위해 독립성을 보장하고 있지만 본래적으로 문제해결을 위한 부분조직이다. 따라서 문제해결을 위해서는 감사기능도 적극적인 역할을 해야 한다. 각급 공공조직 감사실에서 민원을 담당하는 이유는 개별 민원인의 문제를 해결하는 기능을 감사기능이 잘 수행하는 속성이 있기 때문이다.

또한, 국제내부감사인협회(IIA)의 지침에 따르면 '내부감사직무(Defination of Internal Auditing)'는 가치를 증대하고 조직의 업무수행을 개선시키기 위해 설계된 독립적이고 객관적인 검증 및 컨설팅 활동으로 정의한다. '내부감사의 임무(Mission of Internal Audit)'는 위험에 기반하여 객관적 검증, 자문 그리고 통찰한 바를 제공함으로써 조직가치를 증진시키고 보호하는 것으로 규정한다. 내부감사기구가 조직의 가치를 증대시키기 위해 통찰한 바를 제공하거나 컨설팅하는 것은 차원 높은 기능이고 사전컨설팅 감사는 이러한 활동이다.

8. 국민과 기업의 사전컨설팅 감사제도 이용방법

가. 민원인이 직접 사전컨설팅 감사를 요청하는 경우

민원인이 직접 사전컨설팅 감사를 실시할 수 있는지 여부는 각 기관마다 상이하므로 민원을 신청한 기관의 감사실로 문의하면 된다. 경기도의 경우 민원인이 직접 사전컨설팅 감사를 요청할 수 있도록 하고 있으므로 이에 대해 살펴본다.

경기도 사전 컨설팅감사 규칙

제4조(사전 컨설팅감사의 대상) 사전 컨설팅감사의 대상은 다음 각 호와 같다.

1. 생략

2. 인가 · 허가 · 승인 · 특허 · 면허(이하 "인 · 허가등"이라 한다)를 신청한 자 (이하 "민원인"이라 한다)가 공무원이 해당 업무를 능동적으로 처리하지 못하고 있는 것으로 판단하여 사전 컨설팅감사를 신청하도록 의뢰한 경우

제5조(신청)

① 감사대상기관의 장(경기도 본청은 단위부서의 장을 말한다. 이하 같다)은 업무를 집행하기 전에 필요하다고 인정하는 경우에는 경기도 감사관(이하 "감사관"이라 한다)에게 별지 제1호서식의 사전 컨설팅감사 신청서에 관련 자료를 갖추어 사전 컨설팅감사를 신청할 수 있다.

② 경기도 본청 및 소속기관을 제외한 감사대상기관의 경우에는 제1항에 따른 사전 컨설팅감사를 그 소속 감사부서의 장이 신청한다.

③ 제4조제2호에 따라 사전 컨설팅감사 신청을 의뢰하는 민원인은 별지 제2호서식의 사전 컨설팅감사 신청 의뢰서를 작성하여 감사대상기관의 장에게 제출하여야 한다.

④ 생략

「경기도 사전 컨설팅감사 규칙」에 따르면 인가·허가·승인·특허·면허를 신청한 "민원인"의 입장에서 업무담당 공무원이 해당 업무를 능동적으로 처리하지 못하고 있는 것으로 판단되면, 경기도 관내 시장·군수 또는 경기도청 업무담당부서에 경기도 감사관에게 사전컨설팅 감사를 신청하도록 의뢰할 수 있다. 의뢰가 있을 경우 시장·군수 등은 지체없이 경기도 감사관에게 사전컨설팅 감사를 신청해야 한다. 경기도 감사관은 서면검토, 현지 확인 등 실지감사 등을 거쳐 특별한 사유가 없는 한 신청받은 날로부터 30일 이내에 사전컨설팅 감사 의견서를 시·군 등에 통보한다.

사전컨설팅 감사 의뢰서에는 인적사항, 인·허가등 업무개요, 사전컨설팅 감사 신청 사유를 기재하도록 되어 있다. 의뢰서 양식은 경기도 사전컨설팅감사 홈페이지 '제도소개', '사전컨설팅감사란?', 맨 마지막에 있는 '사전컨설팅감사 신청서 다운로드'를 클릭하여 받을 수 있다.

▌ 표 3 사전 컨설팅감사 신청 의뢰서 양식(경기도)

접수번호		접수일자	
신청인	성명(대표자)	생년월일(법인등록번호)	연락처
	주소(법인의 경우 주된 사무소의 소재지)		
인·허가등 건명			
인·허가등 대상 사업 개요			
사전컨설팅 감사 신청 의뢰 사유			

「경기도 적극행정 지원을 위한 사전 컨설팅감사 규칙」 제5조제3항에 따라 위와 같이 사전컨설팅감사 신청을 의뢰합니다.

년월일
신청인   서명 또는 인)

시장·군수·도지사귀하

첨부서류	첨부할 관련 자료가 있는 경우에만 해당합니다.

나. 민원처리 기관이 사전컨설팅 감사를 요청하는 경우

사전컨설팅 감사제도는 민원을 신청받아 업무를 처리하는 부서에서 판단이 어려울 경우 소속기관의 감사실이나 지도·감독기관의 감사실에 업무의 적정성과 타당성을 검토해 주도록 요청하는 시스템이다. 업무담당자가 판단이 어렵다는 사유로 민원인이 원하는 대로 업무를 처리하지 않는 경우 사전컨설팅 감사를 신청하도록 업무담당자에게 요청할 수 있다.

행정부 소속 국가공무원에게 적용되는 「적극행정 운용규정」에 따르면 자체감사 대상기관의 장이 규제나 불명확한 법령 등으로 업무를 적극 추진하기 곤란한 경우 감사기구의 장에게 해당 업무의 처리 방향 등에 관한 의견제시를 요청할 수 있고, 감사기구의 장이 판단이 곤란한 경우 감사기구의 장이 소속된 중앙행정기관의 장이 감사원에 의견 제시를 요청할 수 있도록 규정되어 있다. 「지방공무원 적극행정 운용규정」에 따르면 지방자치단체 자체감사 대상기관의 장이 규제나 불명확한 법령 등으로 업무를 적극 추진하기 곤란한 경우 감사기구의 장에게 해당 업무의 처리 방향 등에 관한 의견제시를 요청할 수 있고, 감사기구의 장이 의견을 제시하기 곤란한 경우 기초지방자치단체는 감사기구의 장이 소속된 기관의 장이 시·도의 감사기구에, 시·도지사, 시·도 교육감은 중앙행정기관 또는 감사원에 의견제시를 요청할 수 있도록 정하였다.

이에 따라 감사원에 사전컨설팅을 신청할 수 있는 주체는 중앙행정기관의 장 및 시·도지사, 시·도 교육감이다. 기초지방자치단체인 시·군·구에서 감사원에 사전컨설팅을 신청하고자 하는 경우 소관 광역지방자치단체 및 중앙행정기관을 경유해야 한다.

감사원은 사전컨설팅 대상이 되는 업무는 행정의 모든 분야를 포괄하되, '사안이 중대하거나 다수의 기관이 관련되어 있는 등 자체적인 판단이 어려운 사안'으로 범위를 제한하고 있다. 중앙행정기관의 장 및 시·도지사 등은 사전컨설팅 신청 사유, 관련 증빙, 근거법령, 해당 사업의 세부자료, 자체감사기구에서 확인 및 점검한 사항 등을 포함한 '사전컨설팅 신청서'를 작성하여 감사원에 송부하면 된다. 감사원은 신청을 받은 날부터 30일 이내(자문위원회의 자문을 거친 경우에는 60일 이내)에 의견서를 송부한다. 다만, 사안이 복잡하거나 신중한 처리 등을 위하여 필요한 경우 검토 기한을 연장할 수 있다.

감사원 사전컨설팅 신청 제한대상

○ 관계 법령에 명확히 규정되어 있음에도 단순 민원 해소 또는 소극행정·책임 회피 수단으로 컨설팅을 이용하고자 하는 경우
○ 신청기관이 충분히 검토를 거치지 않은 경우
○ 이미 행해진 처분의 위법·부당 여부 확인을 구하는 경우
○ 신청사안과 관련된 수사, 소송, 행정심판 및 감사원 감사가 진행 중이거나 확정된 경우

자료: 사전컨설팅 및 적극행정면책 사례집(감사원, 2021)

다. 사전컨설팅 제도와 적극행정 면책제도와의 연계

사전컨설팅 기관이 감사원 의견에 따라 업무를 처리한 경우에는 이후 감사에서 문제가 되더라도 「적극행정면책 등 감사소명제도의 운영에 관한 규칙」 제5조 제2항의 규정에 따라 특별한 사정이 없는 한 적극행정면책 기준을 충족하는 것으로 추정한다. 또한, 자체감사기구에서 실시한 사전컨설팅 감사 의견에 따라 업무를 처리한 경우에도 동일하게 면책 추정이 된다. 다만 사적인 이해관계가 존재하는 등의 사유가 있을 경우에는 면책 적용대상에서 제외되며, 이때 면책기준 충족 여부를 판단하는 기준은 '사안의 동일성', '정보의 충분성', '사적 이해관계의 배제'이다.

사전컨설팅에 따른 업무수행 시 적극행정면책 판단 기준

① (동일성) 동일한 사안에 대해 사전컨설팅 의견을 받아 그 의견대로 업무를 처리하였는지 여부
② (충분성) 판단에 필요한 정보를 충분히 제공하여 사전컨설팅 의견을 받았는지 여부
③ (사전 이해관계의 배제) 감사원 감사를 받은 자와 대상업무 사이에 사적인 이해관계가 없는지 여부

자료: 사전컨설팅 및 적극행정면책 사례집(감사원, 2021)

「감사원법」 제34조의3 제1항에 따르면 "감사원 감사를 받는 사람이 불합리한 규제의 개선 등 공공의 이익을 위하여 업무를 적극적으로 처리한 결과에 대하여 그의 행위에 고의나 중대한 과실이 없는 경우에는 이 법에 따른 징계요구 또는 문책요구 등 책임을 묻지 아니한다"라고 규정되어 있다. 적극행정면책이 인정되기 위해서는 「적극행정면책 등 감사소명제도의 운영에 관한 규칙」 제5조 및 제6조에 따른 기준을 모두 충족하여야 한다.

적극행정면책 등 감사소명제도의 운영에 관한 규칙 제5조 및 제6조

1. 감사원 감사를 받는 자의 업무처리가 불합리한 규제의 개선, 공익사업의 추진 등 공공의 이익을 위한 것일 것
2. 감사원 감사를 받는 자가 업무를 적극적으로 처리한 결과일 것
3. 감사원 감사를 받는 자에게 고의 또는 중대한 과실이 없을 것
   ① 감사원 감사를 받는 자와 대상 업무 사이에 사적인 이해관계가 없을 것
   ② 대상업무를 처리하면서 중대한 절차상의 하자가 없었을 것

자료: 사전컨설팅 및 적극행정면책 사례집(감사원, 2021)

03

사전컨설팅 감사 마인드와
문제해결형 정부

공무원을 춤추게 하면 국민이 행복하다

국민과 기업의 불편 애로사항을 먼저 책임지는 자세로 내 일처럼 적극 처리하자는 것이 사전컨설팅 감사 마인드다. 대도시 인구집중, 기후 온난화와 대형재난 발생, 정보의 신속한 전파, 국가 재정여력의 증가 등에 따라 기존의 사적 영역을 공역 영역으로 전환하여 최대한 모든 일을 해결해 주기 바라는 의지처 정부시대가 도래했다. 문제해결형 적극행정 체계를 구축하여야 이러한 시대흐름에 부응할 수 있다.

문제해결형 정부를 만들기 위해서는 우선 감사방식을 적발 엄벌 위주에서 예방성과 배려감사로 전환하여야 한다. 우리나라의 경우 공직자를 불신하고 적발과 처벌 위주의 권위주의적 감사문화가 아직도 존재한다. 그간의 감사운영을 보면 '공직기강 확립', '무관용의 원칙', '일벌백계'와 같은 용어를 사용하여 공직자에게 겁을 주고 적발 위주의 군기 잡기식의 관행이 팽배했다. 이런 방법으로 '복지부동'을 타파하고 '적극행정'을 도모한다고 하는데 어처구니없는 일이다. 걸리면 인정사정없이 시범케이스로 엄단하겠다고 하니 허위보고가 발생하고 보기에만 그럴싸한 형식행정이 넘친다.

이런 전근대적인 감사시스템으로는 행정을 일류로 만들 수 없다. '부드러움'이 '강함'을 이기는 법이다. 공직자의 인격을 존중하고 잘못이 있더라도 사실대로 보고하는 솔직한 공직문화가 자리 잡아야 행정이 발전한다. 감사제도의 혁신으로 공직자의 사기를 높이고 국민이 당면한 어려움의 해결에 집중하는 문제해결형 정부를 만들자는 것이 사전컨설팅 감사제도의 마인드다.

한편으로 자체감사기구의 감사실을 행정애프터서비스 센터로 재구축해야 한다. 부서 간의 벽을 넘는 종합적 감사권한과 독립성을 갖는 감사실이 민원인의 불만사항에 대해 민원인의 입장에서 업무를 검토하면 민원인도 업무처리부서에 대해 대등한 힘을 가질 수 있다. 감사실이 한 달 또는 분기 1회 등 주기적으로 관내 기업을 직접 찾아가 인·허가 절차를 도와주고 방치된 쓰레기, 도로 파손, 진출입 위험 등을 포함하는 점검 리스트를 만들어 장·단기 과제로 관리하여 해결될 때까지 지원해주면 더 좋다.

국가 전반적으로 객관성을 높여 불필요한 갈등을 원천적으로 줄여야 한다. 법규를 만들 때에는 애매한 용어를 최대한 줄이고 투명성을 높여야 한다. 국민 다수에게 불편을 주는 사항에 대해서는 공적 관심이 있어야 한다. 뻥튀기 미래 수요량 등 잘못된 계량화에 따른 예산낭비와 이에 대한 감사를 원천적으로 줄이기 위해 이러한 부분을 행정인프라로 규정하고 공적 기능을 강화할 필요가 있다. 감사원은 사전컨설팅 감사와 문제해결 능력향상을 위한 감사교육과 인력양성 그리고 공직자에게 스마트하고 따뜻함을 주는 감사 관련사항을 연구하고 이를 보급하는 데에 힘을 써야 한다. 공무원이 열심히 일하도록 차관 이하 공직자에게는 파격적인 성과급제도 도입이 이루어져야 한다.

┃표 1 문제해결형 정부 구축방안 체계도

행정 환경

- '의지처 정부' 시대의 도래
- 국민만족 행정과 사전컨설팅 감사 마인드
- 역사적 전통: 암행어사와 사헌부
- 민간은 자율성, 공직자는 적극성이 필요
- 규제와 사후적발 감사의 유사성

⇩   ⇩

행태 및 제도 개선

- 사후적발 엄벌 위주의 감사를 예방성과 배려감사로 전환
- 감사실을 행정애프터서비스센터로 재편
- 국가 전반적인 객관성 제고
  - 투명성 높은 법규 제정 및 운용
  - 국민 다수 관련 불편사항을 공적영역으로 전환
  - 객관성·전문성이 요구되는 분야에 대한 행정인프라 서비스 제공

⇦

개선 촉진 시스템

- 감사 인프라 구축 강화
  - 감사자격 부여 시스템 도입과 남부 지역 감사교육원 설립
  - 감사연구원의 감사 자체 역량 강화 연구가능 강화
  - 자체감사기구 책임자 응모 활성화
- 차관 이하 파격적 성과급 제도를 통한 인센티브 시스템 구축

1. 논의 배경

가. '의지처 정부' 시대의 도래

과거 소득수준도 낮고 독재, 비합리적 관습과 차별이 횡행하던 시절에는 약자에 대한 억압과 같은 사회 부조리가 많았고 국가 사회적으로 이런 문제를 해결하는 체계도 미흡하였다. 소외 및 억압받은 개인은 국가에 의지할 수 없었고 종교단체나 자선단체 등 개인적으로 의지처를 찾아야 했다. 이러한 어둠의 과거를 멀리하고 우리나라는 비약적인 경제발전을 이루었고 이를 기반으로 국민소득이 증가하고 민주주의가 꽃피는 합리적인 사회로 변화되고 있다.

이제는 국가사회의 문제점에 대해 합리적으로 토론·분석하고 그 결과 필요한 경우 대규모 재정투입이 가능하게 됨에 따라 기존에 개인책임으로 치부되면 사안들이 공적책임으로 전환되고 있다. 행정보상에 있어서도 직접적인 보상 외에도 간접보상이 인정되고, 노인부양도 가족 책임에서 노인연금 등을 통한 공적책임으로 전환되었다.

한편, 우리나라는 몇 개의 대형 거점 도시에 인구가 집중되어 있고 도시 내에서도 대형 아파트와 복합쇼핑몰과 같은 밀집시설도 많다. 조밀조밀한 생활패턴에 따라 생활법규의 조그마한 변화에 대해서도 개인이 느끼는 민감성이 높다. 전 세계적인 기후변화로 인해 대형재난 발생의 빈도도 높아졌다. SNS 발달에 따라 정부정책 변화가 개인에 미치는 영향에 대한 분석정보가 신속하게 전파되고 SNS를 통해 개인이 사회적 이슈를 설정할 수도 있다.

국가의 재정여력 증가, 개인의 권리의식 신장, 대도시 인구 집중, 국가정책에 대한 분석 및 정보의 신속한 전파, 개인의 사회적 이슈 설정 가능 등의 환경변화는 국가나 공공 차원에서 보다 많은 문제를 해결해 달라는 요구를 폭증시킨다. 바야흐로 정부가 기존의 사적영역 중 공적영역으로 전환가능한 모든 일을 해결해 주기를 바라는 '의지처 정부' 시대가 도래한 것이다.

개인주의 성향 증가에 따라 공동체 문제를 논의하는 정치에 대해서는 무관심해질 것 같았으나 오히려 정치를 통해 각자의 이익을 제고하고 신념을 달성하려는 경향도 상당하다. 정치인이 탤런트 못지않게 인기가 많고 인지도도 높다. 과거에는 자신이 이루고 싶던 일을 신에게 기도했다면 이제는 정치지도자를 통해 이루려고 한다.

나. 국민만족 행정과 사전컨설팅 감사 마인드

1995년 민선 자치시대가 열린 이후 지방자치단체 직원들이 지역 주민을 대하는 태도가 많이 달라지고 친절행정이 점차 확산되었다. 처음에 주민들은 민선 자치단체장이 중앙정부가 아닌 주민을 주인으로 섬긴다는 자세에 많은 만족감을 느꼈다. 주민센터나 민원실에 가면 직원들이 그전에 비해 인사도 잘하고 친절했다. 주민들은 자치단체에 대한 기대가 높아졌고 자기의 억울한 민원도 잘 해결해 줄 것으로 기대하였다. 그러나 민원을 처리하는 방식은 기존과 크게 다르지 않고 기대만큼 민원이 해결되지 않자 실제로는 아무것도 변하지 않았다며 분통을 터트렸다. 국민의 기대는 높아졌는데 행정의 문제해결능력은 큰 진전을 이루지 못했기 때문이다.

행정서비스 제공방식은 크게 바뀌지 않은 상황에서 "기업하기 좋은 나라", "기업하기 좋은 우리 지역"을 내세운다. 민간기업의 '고객만족경영' 마인드의 영향을 받은 것이다. 기업을 유치하면 지방세 수입 확보, 인구유입에 따른 지역 토지가격 상승, 취업 등의 실리가 크므로 기업을 위해 다해줄 것처럼 굉장히 친절하다. 막상 기업이 입주하고 나면 기대와 달리 별다른 고객만족 서비스가 없다. 입주한 기업으로부터 지역에 이익이 발생하면 이에 상응하는 행정서비스가 제공되어 기업의 애로 불편사항이 없도록 해야 하는데 현실은 그렇지 않다.

우리나라는 규제법규가 많으므로 공무원은 기업을 단속하는 '갑(甲)'의 역할을 할 뿐이다. 기업의 애로나 불편사항을 파악하는 경우가 있다고 하더라도 '규정이 애매한 부분을 적극 해석해 민원을 해결해 달라'라는 요청이나 '도로관리 철저 요망', '주변 쓰레기 등 환경정비 요청' 등 공무원이 부담을 져야 하는 민원은 해소가 되지 않거나 일회성에 그친다. 규제개혁T/F와 같은 조직을 두고 규제관련 법령 개정과 같은 폼나는 형식적인 일은 열심히 한다.

입주 기업에게 '기업하기 좋은 우리 지역'이라는 구호는 미끼에 불과하다. 입주기업에게 진정성 있는 행정서비스가 제공되지 않으므로 기업을 직접 찾아가 불편과 애로를 파악하고 관리카드를 만들어 이를 끝까지 해결해 주자고 만든 것이 경기도의 '기업애로기동해결단'이다. "다른 지역이나 기업의 경우를 보니 해 줄 수 있는 행정서비스인 것 같은데 자기 기업이 있는 지역의 공무원이 잘 안 움직인다"라고 느끼면, 기업의 입장에서는 "인사치례가 부족해서인가?"라고 생각해서 뇌물을 주게 된다. 기업애로기동해결단은 기업의 입장에서 불편과 애로를 해소하려 하므로 적극적인 방식으로 문제가 해결될 수 있고 기업이 공무원에게 뇌물을 주게 하는 동기를 원천 차단한다.

이제는 단순히 친절하거나 보여주기 위한 형식적인 행정을 벗어나야 한다. 근본적인 문제해결은 뒷전으로 두고 헛바퀴만 돌리는 행정시스템을 이대로 두어도 괜찮은 것인가? 공공기관에 어떻게 생동감을 불어 넣을 것인가? 행정의 원칙론이 아니라 구체적·실천적 방안을 고민해야 할 시기다. 지역 및 국가사회의 문제에 대해 보다 근본적인 원인을 찾아 처방하려는 체계를 구축해야 한다. 행정조직 내부에서 감사실을 통해 국민과 기업에게 큰 도움을 줄 수 있다면 업무분장상 감사실의 역할이 한정되어야 한다고 주장하는 것은 잘못된 일이다. 국민의 관점에서는 업무담당부서이던 감사부서이든 간에 자기의 문제를 내 일처럼 잘 처리해 주는 경쟁체계가 좋다.

사전컨설팅 감사는 남의 일이었던 것을 나의 일로 가져와 해결하는 제도다. 즉 사업수행 부서에서 해야 할 업무를 감사관실에서 대신 업무를 수행하는 제도다. 이러한 마인드가 확산되면 자기가 해야 할 업무도 각종 핑계를 대고 다른 부서나 다른 사람에게 미루는 현상이 사라질 것이다. 문제해결 능력이 중시되고 행정의 전문성이 향상된다. 고객인 국민의 불편과 애로사항을 해소하려는 것이므로 고객중심 행정으로 바뀐다. 또한, 공직자의 복지부동을 그들의 책임으로 돌리지 않고 소극행정을 할 수밖에 없는 구조를 분석하여 이를 근본적으로 해결하기 위해 감사관실이 나서는 파격정신이 있다.

상자 안에서 뱅뱅 도는 도돌이표 식의 책임전가가 아니라 상자 밖으로 나와 문제를 근본적으로 해결한 것이다. 최고 감사책임자인 감사관이 모든 부담을 안고 '솔선수범'을 하는 리더십도 있다. 사전컨설팅 감사제도를 단순 제도가 아닌 마인드 측면에서 살펴보면 약자(일선 공무원)에 대한 보호, 책임자의 리더십, 고객중심 행정, 근본 처방과 문제해결 중시 등 우리나라의 행정이 일류가 되기 위해 확산시켜야 수많은 '키워드'를 포함하고 있다.

다. 역사적 전통: 암행어사와 사헌부

조선시대 역사를 살펴보면 유교의 영향에 따른 관존민비의 관료주의 체제였다. 이러한 관료주의 체제하에서도 일반 국민에게 좋은 이미지로 전승되고 있는 시스템은 암행어사 제도이다. 당시 암행어사가 수탈을 일삼는 권력자의 비리를 밝혀 징벌을 하기도 했지만 억울하게 고초를 겪는 백성의 입장에서 그들의 민원을 해소하였기 때문이다.

인사를 담당하는 '이조'와 같이 막강한 힘을 갖는 자리가 '요직'이라면, 암행어사가 소속되었던 사헌부는 깨끗한 자리인 '청직(淸職)'이다. 사헌부는 직무상 독립성을 갖고 요직(要職)과 권력자에 대한 비판과 감시역할을 했다. 이러한 사헌부의 역사적 전통을 계승하고 있는 것이 감사기능이다.

감사원 홈페이지에 따르면 삼국시대로부터 사정부, 어사대, 사헌부 전통을 이어받은 감사원은 민간의 억울함을 풀어주고 탐오한 관리들을 징치한 암행어사의 신분 증표였던 마패를 감사원의 상징물 중 하나로 사용하고 있다. 이처럼 감사실은 부정부패를 적발하려는 노력 못지않게 국민의 고충민원을 자기 일처럼 적극적으로 해결하도록 해야 한다. 현대적 의미의 청렴은 금품수수 금지 등 반부패뿐만 아니라 국민의 일을 내 것으로 인식하여 처리하는 적극행정을 의미한다.

업무처리 시 커피 한 잔도 얻어먹지 않는다고 하는데 일을 하는 것을 보니 완전한 남의 일을 처리하듯이 하고 성의가 없다면, 이러한 공직자를 청렴하다고 할 수 없다. 부패근절만으로는 국민의 눈높이를 충족시킬 수 없고 적극행정을 통한 국민의 민원과 애로, 불편사항을 해소하는 이른바 투트랙 모두를 충족시켜야 하는 이유다.

라. 민간은 자율성, 공직자는 적극성이 필요

경제발전을 이루기 위해서는 이윤추구를 목적으로 하는 민간의 도전과 창의성이 필요하므로 민간에 대한 정부의 간섭을 줄이고 최대한 자율을 보장해야 한다. 공공부분은 민간에 맡겨두면 필연적으로 발생하는 시장실패를 교정하는 일을 수행한다. 공공재, 불완전경쟁, 외부효과, 정보의 비대칭성 등이 정부개입의 이론적 근거다.

그중 공공재를 보면 비경합성과 비배제성을 특징으로 한다. '비경합성(non-rivalry)'은 한 사람의 소비가 다른 사람의 소비량을 제한하지 않는 것을, '비배제성(non-excludability)'은 이용대가를 지급하지 않는 무임승차자를 차단하기 어려운 것을 말한다. 긍정적 외부효과는 그 재화의 생산이 사회 전체적으로 도움이 되는데도 대가 지급이 없어 과소공급되는 현상이다.

축구심판은 비경합성과 비배제성을 가지면서 긍정적 외부효과를 내는 공공재의 일종이다. 심판 없이 축구경기를 하도록 내버려 두면 경기 자체가 난장판이 되고 지속적인 경기 운영이 어려울 것이다. 축구경기가 재미있어 지속되기를 원한다면 축구 구단이나 축구 팬은 비용이 들더라도 갹출을 통해 심판이라고 하는 공공재를 창출해야 한다. 축구는 지구촌 스포츠이고 국가 간 경쟁, 축구클럽 간 경쟁이 치열하다. 축구경기가 열리면 과열되기 쉽고 수단과 방법을 가리지 않고 승리를 쟁취하기 위해 능력있는 상대선수에 대한 위협적이고 지능적인 반칙이 발생한다.

그런데 심판이 반칙을 내버려 두거나 반칙을 잘 잡아내지 못하는 등 소극적이고 역량이 부족한 경우 축구경기의 품질이 떨어지고 진정한 실력에 따라 승부가 가려지지 않는다. 과거 축구경기가 주최 측의 농간이 많고 경기결과에 승복하기 어려운 경우가 많았는데 심판이 부패하고 소극적이며 전문성이 떨어졌기 때문이다. 홈팀의 위압적 분위기를 극복하고 홈팀뿐만 아니라 원정경기팀의 선수에게 가하는 반칙도 심판이 적극적으로 잡아낸다면 경기가 공정하고 재미있다.

최근 디지털 과학기술의 발달로 비디오 판독 시스템이 도입되고 심판에 대한 평가시스템도 정교화됨에 따라 과거에 비해 판정논란이 많이 줄었다. 편파판정 시비로 인한 불필요한 논쟁과 갈등이 줄고 축구플레이 자체에 대한 논쟁과 분석이 많아져 이제는 과거에 비해 축구를 재미있게 볼 수 있는 환경이 조성되었다.

국가의 행정도 이와 같다. 반대와 비난의 발생이 예상되는 일은 해야 할 일도 하지 않는 것이 우리나라 행정의 현주소다. 어려워도 해결해야 할 문제를 내버려 두니 쓸데없는 일로 논쟁과 갈등이 발생하고 국민의 실생활 향상을 위한 실체적 논쟁은 제대로 이루어지지 않고 있다. 실제적 문제에 대한 깊은 분석과 고민은 많지 않고 별 실익 없는 계획 수립, 조직 설치, 회의와 교육 실시, 워크숍 행사와 같은 형식행정이 많다. 우리 행정도 이제는 적극행정 마인드를 정립하여 디지털 판독 시스템도 도입하고 문제해결 중심의 정교한 평가시스템도 개발해야 한다.

적극성과 관련하여 필자의 오래전 감사경험을 소개한다. IMF 외환위기 직후 모든 국민과 기업이 어려운 시기에 은행의 '구속성예금(꺾기)'이 문제되었다. 지금은 이와 관련한 제도운영과 실태가 어떠한지 잘 모르겠으나 경제가 어려운 그 당시에는 기업의 입장에서 심각한 애로였다. 구속성예금은 은행이 대출을 해주면서 일정 금액을 예금하도록 강요하는 행위다. 기업운영자금이 필요해서 대출을 받는데 금액 중 일부를 낮은 금리로 예금을 하라고 하는 것은 이자손실은 물론이고 실제 대출금액이 줄어든다는 문제점이 있다. 은행 측은 예금을 하면 나중에 대출상환 시에 부담을 줄일 수 있다고 하나 한 푼이 아쉬운 기업 입장에서는 공감하기 어려운 이야기다.

필자는 당시 중소기업청(현재 중소벤처기업부)에 대한 감사를 담당하고 있어 중소기업의 애로사항에 대한 감사를 계획하고 있었다. 하지만 금융 관련 감사는 다른 감사국 소관이었다. 구속성예금이 중소기업의 중요한 애로사항인데 업무분장상 금융기관을 직접 감사할 수는 없었다. 업무분장상의 한계를 이유로 핵심 애로사항을 제외하자니 '앙꼬없는 찐빵' 감사가 될 것 같았다. 금융지식도 별로 없는 상태에서 금융감독당국도 잡지 못하는 구속성예금을 찾아낸다는 것도 어려운 일이었다.

그럼에도 어려운 상항에 처하면 더욱 오기가 치미는 성격이라 여기에서 굴할 수 없었다. 구속성예금 관련 규정을 찾아보았다. 대출 후 일정 기간 내에 비자발적으로 예금하는 것으로 규정되어 있었다. 대단한 금융지식이 필요한 것은 아니었다. 비자발적 예금이라는 것만 확인하면 된다. 곰곰이 연구해서 방법을 찾아보았다. 중소기업 정책자금을 받은 업체 리스트 확보는 가능했다. 금융기관을 직접 찾아가 대출 및 예금 관련사항을 조사할 방법은 없었다. 갑자기 아이디어가 떠올랐다. 설문지를 작성해서 우편으로 기업에게 직접 물어보는 것이다. 은행과의 거래관계를 고려하여 소위 '을(乙)'의 입장인 기업이 구속성예금이라는 사실을 자진해서 밝히기는 어렵지만 자금확보가 어려운 상황이므로 감사원에서 직접 물어보면 마지못해 대답하는 방식으로 솔직하게 답할 수 있을 것이다. 중소기업의 어려움을 돕고자 한다는 취지의 안내말과 함께 대출 및 예금 일자와 금액, 예금이 자발적인지 여부, 해약 수수료 없이 예금을 돌려받고 싶은지 여부에 대해 체크만 해달라는 간단한 설문지를 작성하여 정책자금을 대출을 받은 기업에게 보냈다.

예상대로 일부 기업으로부터 비자발적 예금이고 돌려받고 싶다는 체크를 한 설문지가 회수되었다. 설문지를 토대로 증거를 보강하여 기업에게 즉시 예금을 돌려주는 등 적정조치를 하도록 했다. 감사결과가 발표되자 '꺾기' 실태가 언론에 보도되었다. 며칠 뒤 대통령과 여당총재 간 합의사항으로 꺾기에 대한 감독지시가 나왔고, 금융감독당국은 전국의 모든 일반은행을 대상으로 구속성예금 실태조사에 들어갔다.

'꺾기'에 대한 나름의 불가피성과 유용성을 주장하는 금융기관과 최대한의 자금이 필요한 기업의 입장이 크게 다를 수 있다. 그렇다고 하더라도 피해를 당한 기업에게 직접 물어보지 않고 금융기관만을 대상으로 감사를 하고 금융기관의 의견만 들으면 그 실체가 밝혀지지 않는다. 감사는 실체적

진실을 밝히는 것이다. 은행서류에 대출받기 위해 가입한 비자발적인 예금 이라고 표시되어 있을 리 없다. 그 서류를 100번 들여다보아도 아무런 문제점을 찾을 수 없다. 다리가 간지럽다고 고무다리를 긁으면 시원해지겠는 가? 적극성의 결여는 실체를 왜곡할 수 있고 계속되는 갈등과 정부 불신의 원인이 된다.

마. 규제와 사후 적발감사의 유사성

규제개혁을 통해 민간부문에 활력을 불어넣고 경제를 활성화하기 위해서 는 관점의 전환이 필요하다. 기존에 특정 사건이 발생하거나 특정 이슈가 부각되어 만들어진 규제 관련 제도가 과도하여 적정성을 벗어난 것인지 새 로운 시각에서 다시 검토하는 것이다. 과도한 규제를 적정 수준으로 회복 시키면 큰돈을 들이지 않고도 경제에 활력을 불어넣을 수 있다.

행정 내부를 들여다보면 감사제도는 공직사회에 대한 규제장치다. 과거 권위주의 시절 행정의 투명성이 낮고 부패가 많았던 시절에 감사는 공직 사회의 빛과 소금의 역할을 했다. 행정 내부의 상황을 감사를 통해서만 알 수 있는 경우가 많았다. 대규모 감사반을 꾸려 정기적으로 실지감사를 했 으나, 감사를 자주 해도 국민들의 행정정보 부족 해소 욕구를 충족시키지 못했다.

그런데 경제발전과 민주시민 사회의 성숙에 따라 우리 사회가 한층 투명 해졌다. 감사를 통해서만 밝힐 수 있었던 행정 내부의 예산 집행과 각종 권 한 행사에 대해 이제는 정보공개 청구 등을 통해 일반 시민도 그 실체를 알 수 있다. 「청탁금지법」, 「부패방지법」, 「이해출동방지법」, 「공공재정환 수법」 등 각종 청렴 관련 법령이 마련되어 공사의 구분이 명확해지고 부패 에 대한 처벌도 엄격하다. 내부 비리 제보에 대해서는 보상금을 지급하고 제보자 보호장치를 강화하여 은밀하게 진행되어 밝히기 어려운 부패도 찾아내고 있다. 디지털 전산체계를 이용한 예산집행으로 회계 투명성이 높아지고 과거 수기로 회계장부를 작성하던 시절에 발생하는 회계비리는 사라졌다. 국회 및 지방의회의 예산·결산 심의기능이나 주요 사업에 대한 견제기능도 활발하게 작동된다. 모든 공공기관에 행동강령이 마련되어 언행이나 처세만 잘못해도 문책이 뒤따른다.

이렇게 행정시스템과 감사환경이 변화되었는데 감사방식과 행태는 이에 걸맞게 진화되었는지에 대한 의문이 있다. 실지감사가 과다하여 행정의 발목을 잡고 있는 것은 아닌지? 과잉중복감사는 없는지? 스마트 폭탄처럼 문제점에 대해서만 정확하게 감사를 하는지? 혹시 저수지에서 물을 퍼서 고기를 잡는 식으로 감사가 이루어지는지? 얼마나 좋은 감사결과를 내길래 수많은 공직자가 일 처리 후 벌어지는 사후감사에 이렇게 많은 힘을 소모해야 하는가? 현재의 감사행태가 행정의 민주화 추세에 부응하는지? 다시한번 점검하고 검토해야 할 요소가 많다.

감사를 행정내부에서 발생하는 규제라는 관점에서 보면 과도한 부분을 제거하여 감사비용도 절약하고 공직사회에 활력을 불어넣을 수 있다. 민간에 대한 과도한 규제를 개혁하면 민간에 활력이 생기는 것과 같은 이치다. 의약품에 비유하자면 감사는 필요하지만 사용에 따른 부작용도 있으므로 필요 이상의 약물투입을 금지함으로써 공직사회가 부작용 없이 늘 건강과 활력을 유지하도록 해야 한다. 창의성과 자율성이 민간의 핵심가치라면 적극성을 통한 공공 문제해결이 공직사회의 존재 이유다. 감사가 더이상 공직사회의 적극성을 해쳐서는 안 되고 오히려 장려할 수 있도록 설계되어야 한다.

사전컨설팅 감사, 행정애프터서비스로 기능하는 감사의 역할은 일반 공직자나 국민에게 도움을 주고 문제를 해결하거나 예방하기 위한 것이므로 불필요한 규제가 아니다. 반면에 대규모 감사인이 동원되어 사후에 실시하는 적발 목적의 감사는 업무부담을 가중시키는 과잉규제로 인식될 수 있다. 부패 관련 내부제보나 신고로 인한 실적을 제외하면 과거 관행대로 실시하는 대규모 정기감사의 실적이 좋아지기 어렵다. 디지털 전산화, 반부패 청렴 법규의 강화, 정보공개, 국회 및 의회의 통제 강화 등도 늘상 작동하는 감사기능이고 이들을 통해 비리가 줄어들어 감사거리가 과거에 비해 많이 없어지고 있기 때문이다.

이제는 사후감사를 필요 최소한으로 줄이고 사전컨설팅 감사, 행정애프터서비스 제공 감사와 같이 사전예방감사를 통해 문제해결형 정부를 만들어 가야 한다.

2. 문제해결형 적극행정체계 구축방안

가. 사후 적발 엄벌 위주의 감사를 예방성과 배려감사로 전환

두려움을 주는 행정문화의 문제점 우리나라의 경우 민간 금융기관이나 결혼시장의 평가를 보면 공직자들에 대한 신뢰가 높은 편이다. 그런데 공직 내부의 시스템을 보면 공직자를 불신하고 적발과 처벌 위주의 권위주의적 문화가 잔존하고 있다. 과거 권위주의 시대에 문제가 생기면 업무를 집행하는 공무원에게 모든 책임을 돌리고 엄벌함으로써 비판적 여론을 잠재우려 했던 관행이 남아 있는 것으로 생각된다.

특히 툭하면 '공직기강 확립', '무관용의 원칙', '일벌백계'와 같은 용어를 사용하며 공직자에게 겁을 주는 방식으로 복지부동을 타파하고 적극행정을 도모한다고 하는데 어처구니없는 일이다. 걸리면 인정사정없이 시범케이스로 엄단하겠다고 하니 허위보고와 보이기에만 그럴듯한 형식적 행정이 넘친다. 이러한 시스템으로는 행정을 일류로 만들 수 없다. 공직자의 인격을 존중하고 잘못이 있으면 즉시 사실대로 보고하도록 하는 솔직한 문화가 공직사회에 자리 잡아야 한다.

한편으로 정신적·심리적 측면에서 두려움을 주는 것은 나쁜 결과를 가져온다. 두려움이 있는 상태에서는 심리적 평정심을 유지할 수 없고 과감하게 창의적·적극적인 행위를 할 수 없다. 창의적·적극적인 조직을 만든다고 하면서 조금이라도 문제가 생기면 '공직기강 해이', '일벌백계' 등 엄중하게 책임을 추궁한다는 것은 모순이다. '공직기강'이라는 용어도 마치 정신세계를 바르게 잡아주겠다는 식의 전체 독재국가의 용어로 느껴진다.

공직자에게 '두려움'을 주는 방식의 감사 폐해를 심각하게 느끼고 있었는데, 마침 대표적 불교경전인 '반야심경'에 이에 관한 내용이 있는 것을 발견하여 이를 소개한다. "심무가애 무가애고 무유공포 원리전도몽상(心無罣

礙 無罣礙故 無有恐怖 遠離顚倒夢想)"라는 구절이다. "마음(心)에 걸리는 것(罣 礙)이 없고(無) 따라서(故) 두려움(恐怖)이 없고 잘못된(顚倒) 몽상(夢想)을 멀리 끊어낸다(遠離)"라는 의미다. 이것을 반대로 해석하면 "마음에 걸리는 겁을 주면 이것 때문에 두려움이 생기고 두려움은 잘못된 생각을 가까이하게 된다"라는 것이다.

예방성과감사　　감사방식을 예방성과 배려감사로 전환해야 한다. 예방성과감사란 어떤 것일까? 위험이 예상되거나 비리가 발생할 수 있는 업무에 대해서는 미리 감사실이 상시 모니터링 체계를 구축하고 위험징후를 사업부서와 공유한다. 내부감사가 아닌 외부감사의 경우 업무기능상 상급 감사기구가 하위 감사기구와 협력하여 모니터링 체계를 구축하고 역할분담에 따라 점검하면 된다. 세금납부 기일이나 운전면허갱신 기간 도래를 미리 알려주는 것과 같다. 사업부서는 규정이 애매하거나 판단이 어려운 상황이 생기면 사전컨설팅 감사를 신청해서 해결한다.

리스크 관리의 관점에서 위험성이 높은 사업에 대해서는 사업부서에게 계획 단계에서부터 사전컨설팅 감사 신청이 원활하게 이루어지도록 안내해야 한다. 문제발행 후 실시하는 10개의 사후감사보다는 한 개의 사전예방 감사가 국가적으로 유익하다. 예상하지 못한 문제점이 발생하면 책임을 묻기 위한 감사가 아니라 향후 재발방지를 위한 제도개선 감사를 실시한다. 감사를 받는 공직자의 협조를 이끌어 내기 위해서는 제도개선을 통한 향후 재발방지 감사가 되어야 한다.

어떤 문제가 발생하였다고 하는 것은 시스템이 완벽하지 못한 데에도 원인이 있는데 담당 공직자가 혼자 책임지라는 식으로 과중한 책임을 물어서는 안 된다. 행정시스템의 근본 오류는 보지 못하고 결과만을 따지는 적발 위주의 사후감사는 마치 아무런 개인 보호장비도 없이 기관총을 난사하고 있는 적을 향해 '돌격 앞으로'를 외치는 군대지휘관과 같다.

이런 감사문화 속에서는 소신껏 일하지 못하고 허위와 거짓이 자리를 틀게 된다. 행정이 발전하지 못하고 삼류에 머무르고 결국 국민이 큰 손해를 보게 된다. 물론 어떤 감사든 그 과정에서 고의적인 불법행위가 발견되면 문책은 물론이고 고발하면 된다. 그렇지만 감사 자체가 불법행위만을 찾기 위한 행위가 되어서는 안 된다. 감사하는 사람도 힘들고 감사받는 사람도 힘들다. 불법행위 조사를 하느라 제도개선은 소홀히 하게 된다.

사후 적발감사와 사전 예방성과감사는 어떻게 다른가? 개인의 근무평가 점수와 인사위원회 평가점수를 합산하여 2배수 추천하면 기관장이 그중에서 최종 승진자를 정하도록 되어 있는 인사시스템의 경우를 생각해 보자.

인사의 공정성과 투명성을 제고한다는 목표는 매년 공공기관의 업무계획에 나오는 단골 메뉴다. 인사분야는 사후감사도 자주 실시되고 인사담당직원의 조그만 실수라도 발견하면 엄중 조치한다. 인사부서는 업무를 철저히 수행해야 하는 부담도 있지만 인사 후에 따르는 사후감사로 또 한 번 시달린다.

대다수 공공기관은 매년 청렴도평가가 이루어진다. 내부직원이 느끼는 인사의 공정성 항목도 평가요소에 포함되므로 매년 그 변동을 확인할 수 있다. 그런데 청렴도를 높이기 위해 인사가 법규에 따라 잘 준수되고 있는지에 대한 사후감사를 자주 실시해도 직원들이 느끼는 인사의 공정성과 투명성은 쉽사리 제고되지 않는다. 인사업무담당자의 실수 또는 고의를 찾아내 문책을 한다고 해도 특별한 변화가 없다. 실수 등이 있었다는 감사결과가 알려지면 인사업무에 대한 불신만 더 깊어진다. 이미 이루어진 인사결과를 바꾸기도 어렵고 다툼과 법적 쟁송으로 관련 업무가 가중된다.

이제 관점을 바꾸어 인사의 공정성과 투명성 제고 달성이라는 예방감사를 실시하는 경우를 살펴보자. 인사위원회 구성에 대해서는 미리 감사실에 요청하여 점검을 받고 인사평가 점수 계산도 평가장에 감사실 직원을 입회시켜 이중 계산을 하도록 제도를 변경시킨다. 그리고 2배수 추천자 중 기관장이 낙점하는 방식을 기관장이 세세히 알기 어려운 중하위직까지 적용하는 것은 문제가 있으므로 특별한 이유가 없다면 인사위원회 심의 순위대로 승진되도록 바꾼다. 공무원도 4급 이하에 대해서는 인사위원회의 결정을 기관장이 함부로 바꾸지 못하게 하고 있다. 기관장이 인사위원회 심의를 자의적으로 바꿀 수 있다면 점수산정에서부터 최종 낙점까지의 과정이 블랙박스처럼 기밀로 유지되기 때문이다.

┃ 표 2 인사감사에 있어 사후적발 감사와 예방성과 감사의 비교(예시)

	사후적발감사	예방성과 감사
감사목적	법규위반 점검 및 책임 추궁	근본적인 인사의 투명성 제고
감사방법	인사 관련 모든 서류를 점검	투명성을 저해하는 요소를 식별하고 이를 개선하는 방법을 검토
감사처분	법규의 경미한 위반은 주의, 중대 위반은 징계, 법규에 불합리가 있는 경우 이에 대한 개선 요구	투명성 자체를 높이는 개선방안을 권고
수감 부담	업무담당자의 실수나 고의에 위한 잘못을 찾으므로 감사저항 및 수감부담이 큼	문제해결을 위한 공동 노력이 이루어지므로 수감부담 최소화
필요 역량	법규 숙지, 꼼꼼한 서류검토 능력	인사시스템의 투명성과 관련된 다양한 지식, 제도설계 분석 능력
감사성과	법규 위반을 하지 않도록 경각심을 제고하나 인사 불투명성 자체는 해결 못 하고 주기적인 감사 필요	불투명한 제도 자체를 고치고 법규위반을 사전에 점검하므로 향후 감사 최소화

인사위원회 구성의 적정성이 미리 검토되고 인사평가 점수 산정의 오류가 방지되며 인사위원회 결과까지의 과정이 공개되고 이러한 내용을 직원

들에게 잘 전달하면 된다. 이제는 더이상 승진심사과정 자체에 대한 불공정 논쟁은 없어진다. 자기 근무평정점수를 잘 받기 위해 노력하고 근무평정의 객관성 확보 쪽으로 관심이 쏠리고 인사행정이 더 공정해질 수 있다.

배려감사　　배려감사는 어떤 모습일까? 소통하고 배려하는 감사이다. 배려감사는 잘못에 대해 적정한 책임을 묻고 과다한 책임을 묻지 않는다. 이를 통해 잘못을 솔직하게 인정하고 허위보고를 하지 않게 만든다. 행정을 신뢰할 수 있고 신뢰의 토대 위에 국가가 발전한다.

감사수행 과정을 보면 자료제출부터 감사결과 최종처리까지 감사자와 감사받는 사람이 서로 간 큰 부담이 되지 않도록 일정을 조율하고 자료제출의 범위도 최대한 합의한다. 불가피하게 자료제출량이 많으면 충분한 시간을 준다. 디지털 전산기술을 이용하여 미리 감사에 필요한 형식으로 자료를 입력하여 관리하도록 하고, 이를 이용하여 감사 전에 미리 충분한 분석을 함으로써 많은 양의 자료제출이나 많은 인력이 감사에 투입되지 않도록 한다. 감사자는 해당 감사분야에 대해 미리 충분히 공부하여 아주 기초적인 질문을 위해 감사자를 자주 면담하거나 힘들게 하지 않는다.

감사과정에서 상호 예의를 지키고 감사자는 함부로 평가하는 말을 하지 않는다. 업무처리에 대한 평가가 주관적이 되면 감사의 신뢰성이 크게 훼손되고 감사관의 말이 곧 법과 규제가 된다. 업무처리에 대한 평가는 질문답변서와 감사부서 내부의 충분한 검토를 거친 후에 감사결과로서 나와야 한다. 사실확인을 받을 때에도 감사자가 필요한 것만 쓰도록 하지 말고 상대방의 의견을 의무적으로 첨부하도록 제도화해야 한다. 의견서나 증빙문서를 기초로 실무감사자가 질문서를 작성하고 감사책임자의 검토를 거친다. 이때 감사자가 주장하는 내용만의 확인서가 첨부되면 감사책임자가 잘못된 판단을 할 수 있기 때문이다.

의심이 된다고 해서 법적 권한이 없는 은행계좌 제출을 요구하는 등 인권침해적 행위를 하면 안 된다. 자발적인 제출은 가능하지 않느냐고 말할 수도 있지만 그 부작용이 더 크다. 감사라는 목적을 위해 다른 중요한 가치인 인권과 프라이버시권을 침해하면 안 되기 때문이다. 법적 권한이 없는 자료는 제출하더라도 받지 않아야 한다. 이런 자료는 감사범위나 감사증빙에 포함시켜서는 안 된다. 적발 위주의 강압적 감사를 방지하기 위한 감사인 행동준수 규정을 만들고 교육도 하여 감사로 인한 인권침해나 불편과 부작용을 최소화해야 한다. 감사행태가 바뀌어야 행정행태도 바뀐다. 행정행태의 변화 없이 선진 행정시스템이 만들어지지 않는다.

명확화·투명화·제보 활성화가 비리에 대한 근본처방　배려 예방성과감사로 바꾼다고 해서 공무원 사회가 부패해지거나 나태해지지 않는다. 부패행위에 대해서는「부패행위방지법」,「청탁금지법」등을 통해 법적 처벌이 강화되어 있고 모든 공공기관에는 세세하게 규정되어 있는 행동강령이 있다. 부패행위나 행동강령 위반은 적극행정과 관련이 없으므로 엄중 처벌하고 있다. 부패 제보의 활성화, 규정의 명확화, 제도운영의 투명화가 비리 근절의 근본 처방이다.

가끔 터져 나오는 공금횡령이나 공직 부패사건을 제시하면서 더욱 더 철저한 감사가 필요하다는 견해도 있다. 먼저 공금횡령은 워낙 생각하지 못한 방식으로 이루어지는 경우가 많아 감사를 해도 적발하기 어렵다. 현재 대부분의 회계처리가 전산화되어 있으므로 디지털 모델링과 시나리오를 개발을 통한 모니터링 체계 구축이 합리적이다. 지출의 원인이 되는 행위자와 실제 자금을 집행하는 담당자를 분리하는 등 직무분리를 더욱 철저히 하여 상호 감시체계를 구축해야 한다.

공직 부패사건의 경우 규정이 애매한 경우 발생하기 쉽다. 공공조직에서 명백히 법규위반인 사항이 집행되기는 어렵기 때문이다. 규정이 애매한 경우 사전컨설팅 감사를 신청해서 투명하게 처리하면 부패를 방지할 수 있다. 혹여 그간 허용이 안 되던 민원이 사전컨설팅 감사를 악용하여 해결하는 경우가 있지 않느냐고 의심할 수 있다. 실제의 경험을 통해 보면 업무담당부서가 허용할 수 있는 사안인데도 감사부담이나 과거 유사 선례를 핑계로 허용하지 않던 것이 사전컨설팅 감사를 통해 허용되므로 오히려 정상화된 것이다.

특정인의 민원이 전폭 수용된다고 해서 특혜가 있었다는 식으로 생각하면 안 된다. 법규가 허용하는 최대한도로 민원을 수용하고 해결하는 것이 타당하다. 허용의 정도가 국가·사회적으로 너무 심하다면 허용을 제한하도록 법규를 고치면 된다. '의심스러울 땐 피고인의 이익으로'라는 형사 대원칙이 있다. 명백하게 법규에 위배되지 않는다면 민원을 해소하는 것이 올바른 공직자의 자세다. 불분명한 법규로 인해 당초 취지와 달리 많은 민원이 해소되는 것이 불합리하다면 법규를 명백하게 고치면 된다.

민원인이 매우 분통해 하며 정부를 원망하는 것은 명백한 법규 위반이 아닌데도 애매한 '공익'을 내세우며 민원을 거부할 때다. 예전에 국가가 빈곤하여 '공익'만 내세우며 '사익'은 도외시한 시절이 있었으나 선진국이라고 평가받은 현재의 대한민국에서는 과거의 인습에서 벗어나 과감하고 적극적으로 '사익'을 폭넓게 인정하고 민원을 해결해야 한다. 명백한 법규위반이 아닌 한 다 허용하면 감사 지적사항을 발견하기가 어려울 수 있다. 감사지적을 용이하게 하기 위해 국민의 행복을 침해하면 안 된다.

나. 감사실을 행정애프터서비스센터로 재편

자체 감사실 직원은 일선 사업부서로부터 충원되므로 일선 사업 경험이 있는 경우가 대부분이다. 감사를 위해서는 주요 사업은 물론이고 예산, 인사업무에 대한 지식도 필요하고 종합적 기획능력이 요청된다. 감사는 물론이고 소속직원의 일 처리에 대한 민원을 처리하므로 조사능력도 갖는다. 모든 업무에 대한 감사권한도 있어 다른 부서의 협조를 얻기도 쉽다. 국민의 모든 불편 애로사항을 접수 처리하는 행정애프터서비스 업무 수행을 위해서는 종합적 문제해결 능력과 모든 부서업무에 관여할 수 있어야 하는데 감사실이 제격이다. 몇몇 지방자치단체에서 시범적으로 실시해 보고 성과가 좋으면 전국으로 확산시키면 된다.

(1) 감사실 조직 구성과 추가 서비스제공 방식

자체감사기구의 감사실은 통상 감사담당, 조사 및 감찰담당, 청렴업무담당 그리고 사전컨설팅담당으로 나누어져 있다. 감사실을 행정애프터서비스센터로 재편하기 위해서는 사전컨설팅 담당분야를 확대하여 기업 등이 요청할 경우 방문하여 현장의 애로사항을 듣고 행정적 측면에서 지원해 줄 수 있는 분야에 대해 컨설팅 서비스 업무를 진행하면 된다. 이럴 경우 지방자치단체 등 일선행정기관의 업무는 크게 사업을 추진하는 집행부, 감사실에서 관장하는 행정애프터서비스부로 나뉜다. 업무수행의 한계를 감안하여 우선 기업에 대해서 시범 서비스를 제공해 보자.

기업에게는 인허가, 정책자금 지원, 도로이용 불편 등 다양한 문제가 있다. 인·허가를 신청한 기업에 대해서 애로사항이 있는지, 추가로 도와줄 것이 있는지 여부 등을 문의하여 필요 시 도와주는 서비스를 제공할 수 있다. 감사실은 기업의 관점에서 각종 사안에 접근해야 한다. 인허가나 정책자금 지원담당 부서는 기업의 민원을 들어줄 수 없는 이유를 댈 것이다. 감사실은 기업인의 관점에서 민원을 해결해 줄 수 있는지 여부, 행정내부 검토과정에서 잘못된 것은 없는지 여부 등 모든 측면을 검토한다. 기업의 애로사항 해결요구가 합리적인데 제도가 이를 허용하지 않는 경우에는 권한 있는 기관에 감사실 명의로 제도개선을 요청한다.

감사실이 행정애프터서비스센터 기능을 수행해야 하는 이유는 기업이 인허가 등에 대해 사업부서에 이의나 불만을 제기해도 사업부서로 하여금 자기가 했던 처분이나 행위의 변경을 기대하기 어렵기 때문이다. 감사실은 관련 법에 따라 사업부서로부터 독립성이 보장되므로 사업부서와 다른 관점에서 사안을 접근할 수 있고 감사수행 경험을 통한 행정역량과 행정정보 접근 및 조사권한이 있다.

특히 감사실은 다수 부서 관련사항의 복합민원을 잘 다룰 수 있고 법규가 불분명하거나 재량이 있는 영역에 대한 감사기준을 알고 있어 법규를 위반하지 않으면서 신속하게 민원을 해결할 수 있다. 감사실이 기업인의 입장에 서게 되면 '무기 대등의 원칙'이 적용되는 것과 같으므로 행정의 신뢰성이 높아진다. '무기 대등의 원칙'은 죄를 묻는 검찰 측과 무죄를 주장하는 피고인 측의 무기가 대등해야 한다는 것으로 형사절차의 중요한 원칙이다. '무기 대등의 원칙'을 형사절차뿐만 아니라 행정행위에도 적용하자는 것이다. 국민의 권리의식 수준이 높아짐에 따라 감사의 기능도 사후적발보다는 사전예방, 단순 법규 위반에 대한 지적보다는 문제해결 감사를 요구하고 있다.

한편, 감사실이 한 달 또는 분기 1회 등 주기적으로 관내 기업을 직접 찾아가 인·허가 절차를 도와주고 방치된 쓰레기, 도로 파손, 진출입 위험 등을 포함하는 점검 리스트를 만들어 장·단기 과제로 관리하여 해결될 때까지 지원해 주면 더 좋다. 경기도에서 만든 '기업애로기동해결단', 한국콘텐츠진흥원의 'K-콘텐츠기업현장지원단-내 일처럼'은 시범적 사례다. 특히 기업이 만족할 때까지 애로사항을 점검하고 계속해서 같이 노력해 나가는 자세가 중요하다.

기업인들을 초청해 민원을 듣는 보여주기식으로 쇼만 하고 실제로는 변한 것이 없는 형식행정은 사라져야 한다. 사후점검과 관리가 약한 것이 우리나라 행정에서 느끼는 공통적 특징이다. 지방자치단체 등에서 이러한 섬세한 사후관리 서비스를 제공하면 기업이 만족하게 되고 기업하기 좋은 나라가 된다. 국민의 의식수준이 높아짐에 따라 이제는 행정서비스도 개별적으로 섬세하게 제공되어야 한다.

감사실의 기능이 커지면 일선 공직자를 위축시킬 수 있지 않느냐는 문제를 제기할 수 있다. 감사행태를 기존의 적발 엄벌 위주에서 사전예방, 문제해결형 감사, 배려 감사로 바꾸면 감사가 부담되거나 두렵지 않고 오히려 감사실은 일선 공직자의 의지처가 된다. 감사실 업무에서 행정애프터서비스 기능을 추가하면서 별 실효성 없는 규제관련 부서 등을 축소시키면 전반적인 인력증가도 필요하지 않다.

이와 관련하여 유의할 점이 있다. 필자가 경기도 감사관 시절 만든 '기업애로기동해결단'과 같은 조직은 감사관의 역량과 조직의 권력역학 관계에 따라 존폐가 좌우될 수 있다. 감사관실이 감사권한에 기반하여 복잡한 문제를 잘 해결하면 상대적으로 기관장 직속의 기업애로해소 조직은 위축이 된다. 감사관실은 업무상 독립성이 있어 업무성과의 모든 것이 기관장의 것으로 여겨지지 않는다.

여기서 국제내부감사기준에서 말하는 이중보고(dual-reporting)를 이해할 필요가 있다. '이중보고 원칙'은 내부감사부서의 조직적 독립성은 이사회에 기능적(functional)으로 보고하고 최고경영진에게 행정적(administrative) 보고를 할 때 달성된다는 내용이다. 달리 표현하자면 감사업무는 이사회와 같은 조직의 감독기구에게 보고하고 예산편성, 인력배치 등과 같은 감사실

운영에 필요한 행정적 업무만 기관장에게 보고하고 협조를 받는다는 의미이다.

또한, 「공공감사에 관한 법률」 제12조 규정에 따르면 감사기구의 장은 감사기준과 감사활동수칙을 준수하고, 자체감사 대상기관의 회계와 사무 및 그 소속 공무원이나 직원의 직무를 독립적으로 감사하도록 되어 있다. 이러한 감사의 독립적 특성으로 인해 자체감사기구의 장이 기관장과 조화를 이룰 경우에 한하여 감사관실의 적극적인 활동이 기관장으로부터 좋은 평가를 받을 수 있다.

이와 반대인 경우에는 기관장 직속의 기업애로 담당부서가 자꾸 업무중복을 사유로 감사관실에서 기업애로해소 업무를 하는 것이 부적절하다면서 기업애로기동해결단과 같은 조직을 폐지하도록 주장하게 된다. 감사실도 힘든 업무가 없어지니 동조하기 쉽다. 그러나 국민과 기업의 입장에서는 감사관실이 직접 나서 속 시원하게 문제를 해결해 주는 것이 좋다.

(2) 국민과 기업 측면의 이익

감사실이 체계적인 행정애프터서비스 업무를 수행하게 되면 일반 국민과 기업은 든든한 지원군을 얻게 된다. 행정서비스에 만족하지 못하는 경우 SNS 등을 통해 감사실에 바로 피드백이 되도록 하고 감사실은 이에 대한 점검을 통해 문제를 해결하면 된다. 기업의 경우 서비스에 불만이 있는 경우 바로 콜센터에 신고하여 문제를 해결하는 것과 같다. 감사실에서 이런 업무를 수행하는 것이 좋다고 하는 것은 사업부서에 접수하면 자기가 했던 업무이므로 객관성 확보가 어렵고 자기 입장에서 일을 처리하여 국민 불만이 가중될 수 있다.

또한, 불만을 제기하는 입장에서 보면 감사실은 제3자적 위치에서 객관적으로 사안을 파악할 수 있고 부서 간의 벽을 넘는 조사 및 조치권한이 있어 신뢰도가 높다. 조직 내부의 상세한 규정과 업무를 잘 모르는 민원인에게 대등한 힘을 주기 위해 감사실이 민원인의 입장을 대변해 주면 형평의 원리에도 맞다.

(3) 감사업무 수행 측면의 이익

SNS 분석을 통한 빅데이터 분석은 우리에게 생각하지도 못한 놀라운 통찰력을 주는 경우가 많다. 국민의 고충민원 해결과 애로사항 점검은 빅데이터 분석과 유사하다. 우리 사회의 깔려 있는 무수한 행정 관련 문제점을 만날 수 있고 대형 위기를 조지에 감지하여 예방할 수 있는 단초를 제공해 줄 수 있다.

이와 관련하여 필자의 경험을 공유하고 싶다. 필자는 1997년도 IMF 외환위기 발생 전에 관세청에 대한 감사를 담당하고 있었다. 당시 정부의 원화가치 고평가시책에 따라 홍콩 등 해외로 고급사치품 쇼핑을 하는 풍조가 만연하였다. 과다한 달러지출이 염려되었는데 이를 인지한 감사원장의 지시로 급하게 관세청의 고급 사치품 통관실태에 대한 감사를 실시하였다. 점검 당시 홍콩에서 오는 비행기의 경우 거의 전부가 고급사치품 쇼핑이었고 전문적으로 이러한 고가품을 몰래 들여오는 사업자가 많았던 것이 아직도 기억난다.

외환위기가 발생하고 난 후 감사원을 출입하던 한 기자가 외환위기 발생 직전에 관세청 감사를 실시한 것을 보고 미리 외환위기 발생을 예견해서 감사를 실시하게 되었는지를 물어보기도 했다. 관세청 감사에만 머무르지 않고 발견된 문제점을 더 큰 차원으로 확대해서 원화가치 고평가체계 유지에 따른 외환위기 가능성을 미리 점검했다면 IMF 외환위기를 미리 막거나 피해를 최소화할 수 있지 않았을까 하는 아쉬움이 있었다.

한편으로 4차 산업혁명시대 도래, 저출산 고령화 문제, 기후온난화 등 우리 사회의 중요한 문제에 대한 대비실태와 이에 대한 감사를 실시하는 경우 스케일도 크고 그럴싸해 보인다. 그러나 이러한 문제는 이미 공론화 되어 있고 많은 전문가와 관련 부처 및 기관에서 열심히 대책을 마련하고 있다. 감사 차원에서 이러한 문제에 접근하는 것은 전문성도 미흡하고 감사로 인한 부담만 가중시킬 수 있다. 또한, 감사결과도 관련 전문가의 의견 수렴 과정을 거치므로 통상적으로 알고 있는 우려사항을 제시하거나 정책 당국과 다른 의견을 가진 전문가의 의견을 강조하는 수준에 머무를 수밖에 없다는 것이 필자의 생각이다. 불필요한 과잉감사, 발목 잡는 감사, 전문성이 떨어지는 감사라는 불만이 발생하고 감사의 신뢰성을 떨어뜨린다.

국가부채 등과 같은 구조적 문제도 마찬가지다. 국가부채가 증가하면 향후 국가재정 운용에 막대한 지장을 초래하므로 부채증가를 감소시키는 등의 대책을 마련하라는 식의 감사는 의미가 없다. 오히려 부채는 차입을 지렛대로 삼아 순익을 높이는 레버리지(Leverage) 효과를 누릴 수 있는 장점이 있다. 부채관리와 같은 거대 담론 그 자체에 대한 감사는 감사하느라 힘만 들이고 논쟁을 일으킬 뿐 의미있는 감사결과를 도출하기 어렵다. 부채 자체에 대한 감사보다는 실제 행정현장에서의 국가 보조금의 낭비와 비효율적 사용, 불필요한 조직과 인력 낭비 등 구체적 문제점을 종합 분석해야 부채관리에 있어서의 좋은 대안을 도출할 수 있다.

일선 행정현장에서 벌어지는 일들을 조합, 분석하여 정책당국이 생각하지 못한 문제점을 제시할 때에 감사는 그 존재의 중요성이 부각된다. 그리고 일선 행정현장의 목소리는 국민이 제기하는 민원이나 감사청구 등 행정 피드백으로부터 쉽게 얻을 수 있다. 정부에서 일반적인 법규와 훈령 등을 통한 획일적인 행정서비스로 인해 불가피하게 또는 예기치 않게 피해를 보는 국민들의 피드백을 잘 검토하고 분석해서 가능한 민원은 해소하고 당장

할 수 없으나 문제점으로 인식되는 경우 제도개선을 통해 해소해야 한다.

감사는 본래 환류기능으로 이러한 행정애프터서비스를 담당한다고 볼 수 있다. 고객인 국민의 만족도 제고를 위해서는 그 기능을 원활하게 수행할 수 있도록 인력이 충분히 배치되어야 한다. 그러나 감사실 규모확대는 내부통제 강화로 인식되어 충분한 인력이 배치되지 않는 것이 현실이고 그 결과 감사실에 접수된 민원도 형식적으로 처리하는 경우가 있다. 이래서 관점의 변화가 필요하다.

다. 국가 전반적인 객관성 제고

(1) 투성명 높은 법규 제정 및 운용

중앙부처 등 공공기관에서 법규를 제정하고 운용할 때 최대한 불확실한 용어 대신 객관적이고 구체적인 용어를 사용하도록 조장하고, 그 실적을 평가해야 한다. 일선 행정현장에서의 어려움 중 하나가 불분명한 법규의 해석과 관련된 것이다. 불분명한 행정은 국가 투명성(Transparency)을 낮게 하고 부패의 원인이 된다. 세계적으로 반부패운동을 하고 있는 대표적인 비정부기구는 국제투명성기구(Transparency International)다.

이와 관련하여 필자는 워싱턴에 있는 미국 감사원에서 17개국 감사관들과 함께 성과감사 교육을 받을 때 국제투명성기구 관련자로부터 각국의 부패지수를 소개받은 적이 있다. 아시아 나라들의 부패지수가 좋지 않게 나와 필자를 포함한 아시아 국가 감사관들이 반발하고 항의했다. 아시아 국가들의 특성을 무시하고 서구의 사고방식을 적용한 편견이 있다고 보았다. 그러나 기구 관련자는 단호했다. 뇌물을 주고받는 부정부패가 거의 사라졌는데 왜 우리나라가 부패한 것으로 평가받는지 도무지 이해되지 않았다.

그후 곰곰이 생각해 보았는데 규정이 불투명하고 자의성이 높은 우리나라의 행정시스템 아래에서는 꼭 뇌물이 오가지 않아도 규정이 아닌 '사람

에 의한 행정'이 가능하다. 소위 '고무줄 행정'이다 보니 은밀하게 부정부패
가 이루어지고 권한있는 자와 친하면 행정적 이득을 얻을 수 있다. 서구시
민사회 입장에서 보았을 때 우리나라는 투명성 정도가 낮은 수준이므로 불
확실성이 높고 제도를 믿을 수 없다. 투명성의 정도가 낮으면 부패는 높다
는 결론이 나온다.

요즘 ESG(Environment, Social and Governance)가 대세다. 'ESG'란 환경,
사회, 지배구조를 일컫는 말이다. 환경문제, 지역사회 기여는 쉽게 이해가
되는데 지배구조(Governance)가 다소 생소하다. 지배구조는 조직을 다스리
는 구조로 공공조직의 경우 투명성 확보가 핵심적 내용이다. 사업부서의
경우 제도나 규정을 최대한 명확하게 마련하고 감사실은 현장에서 벌어지
는 각종 문제점을 잘 분석해서 문제점의 원인이 불분명한 기준에 있는 경
우 이를 사업부서에 피드백하는 기능을 원활하게 작동시켜야 한다.

(2) 국민 다수 관련 불편사항을 공공부문의 영역으로 전환

대규모 또는 빈발되는 사회적 갈등이 해소되지 않고 지속되는 이유 중
하나는 그 갈등이 과거에 사적 영역으로 다루어졌다는 사유로 공적 관심을
두지 않는 공공기관의 소극성 때문이다. 아파트 관리비의 경우를 보자. 아
파트 관리비 부과의 적정성에 대한 입주민의 불만이 상당했다. 개별 주민
이 관리비 부과내역에 의심이 들어도 관리사무소 측과 언쟁만 벌일 뿐 근
본적인 문제를 해결할 수 없었다. 그런데 이러한 분쟁이 지역주민의 고질
적인 애로임을 파악하고 법령에 아파트관리비 등에 대한 감사를 청구할 수
있도록 제도화함으로써 아파트관리비와 관련된 갈등과 문제점이 상당 부분
해소되었다.

즉 「공동주택법」 제93조의 규정에 따르면 공동주택 입주자들은 전체 입
주자들의 10분의 3 이상의 동의를 받아 지방자치단체의 장에게 관리사무
소장 등의 업무에 대하여 감사를 요청할 수 있도록 되어 있다. 2021년 12

월에 발행된 "2021 경기도 공동주택관리 감사 사례집"에 따르면 공동주택 감사목적은 공동주택 관리의 효율화와 입주자 등을 보호하고 관리비의 투명성을 제고하기 위한 것으로 감사항목은 입주자 대표회의, 선거관리위원회, 관리주체, 관리비 등 회계관리, 주택관리사업자 및 사업자 선정, 관리규약 등이다.

이처럼 국민 다수가 불편을 느끼는 민생사항은 그 실태를 꼼꼼히 조사하여 해결대안을 만들어 내야 한다. 반대로 행정 내부의 평가를 위한 보여주기식 업무나 생색내기 사업은 축소시켜야 한다.

직진 주로를 주행해야 하는 자전거를 상정해 보자. 자전거가 속도를 내기 위해서는 '페달'을 힘차게 밟아야 한다. '핸들'을 흔들리지 않게 잘 잡고 조정하는 것도 필요하다. 하지만 페달을 밟기가 힘들다고 힘이 별로 안 드는 핸들만으로 자전거를 목표에 도달하게 할 수 없다. 우리나라 행정 중에는 페달을 힘차게 밟아야 하는데 핸들조정만 하면서 남 탓을 하거나 구조적으로 어렵다는 말만 되풀이하는 경우가 많다. 이런 현상이 많아지면 국민이 짜증을 내는 일이 많아지고 되는 것이 별로 없는 무기력한 상황이 연출된다. 그래서 행정혁신이 지속적으로 이루어져야 한다. 행정혁신을 통해 페달은 밟지 않고 비교적 쉬운 핸들만 조정하면서 일을 열심히 하는 척을 하는 현상을 배격해야 한다.

사전컨설팅 감사를 통해 기업민원을 처리하다 보면 감사실은 페달을 힘차게 밟아 치열하게 문제를 해결하려 하는데, 기업지원을 담당하는 부서는 건의사항만 수집하고 전달하는 핸들조정 역할을 하고 있다고 느꼈다. 그럴싸한 문장으로 보고서만 근사한 행정이 아니라 실제로 어떤 행동이 이루어지고 어떤 성과나 결과를 가져왔는지에 초점을 두는 행정으로 변해야 한다.

(3) 객관성 · 전문성이 요구되는 분야에 대한 행정인프라 서비스 제공

대규모 예산사업의 경우 사업추진에 앞서 교통량 등 수요에 대한 예측을 통해 사업타당성을 검토한다. 수요예측이 잘못되면 예산이 낭비된다. 과거 사업자에게 최소수입을 보장해주던 민자사업이 대표적이다. 교통통행량 예측을 부풀려 사업을 추진했고 그 결과 사업 완료 후 세금을 축내는 경우가 많았다. 이러한 계량적 예측조사를 객관적 담보장치 없이 민간에 맡겨두면 대규모 예산낭비와 주민 간 갈등 그리고 이에 따른 감사를 유발하기 쉽다.

민간에 맡기던 일을 공적으로 전환하면 민간의 자율성과 창의성을 저해하고 관료주의적 큰 정부가 될 수 있다는 견해도 있다. 이윤추구의 대상이 되는 민간사업에 공공기관이 참여하거나 '보이지 않는 손'에 의해 작동되어야 할 시장가격기구를 정부가 왜곡시켜서는 안 된다.

이에 반해 정부가 꼭 해야 하는 일이 있다. 소위 도로, 항만, 공항과 같은 사회간접시설(SOC)이다. 이를 민간에 맡기면 국가 차원에서 체계적 · 종합적으로 개발할 수 없고 시설 건립 후의 독점 등 크나큰 비효율이 야기되기 때문이다. 대규모 예산이 투입되는 사업에 대한 교통량 등 수요 예측, 원가계산, 각종 영향평가 등은 독립성과 객관성이 요구되는 분야다. 영세한 민간기업에 맡겨 놓고 이러한 분야에 대해 규모의 경제를 통한 전문역량을 기르지 않으면 지속적인 예산낭비는 물론이고 국민갈등의 원인이 된다. 이런 부분은 하나의 행정인프라로 규정할 수 있다. 문제해결형 정부를 구축하기 위해서는 이런 부분을 행정인프라로 규정하고 공적 업무수행을 통한 객관성 · 전문성 향상 노력이 필요하다.

라. 감사 인프라 구축 강화

(1) 감사자격 부여 시스템 도입과 남부지역 감사교육원 신설

자체감사기구의 사전컨설팅 등 감사역량 강화를 위한 체계적인 교육프로그램을 만들어 사전컨설팅을 비롯한 전반적인 감사의 품질을 높이도록 해야 한다. 자체감사실 직원의 감사전문성이 전반적으로 미흡하므로 체계적인 교육이 필요하다. 현재 공공분야 감사교육을 전담하는 기구를 운용하는 기관은 감사원이다.

감사원 감사교육원에서 자체감사기구 직원을 대상으로 4주 이상의 품질 높은 감사교육을 실시하여 일정한 자격을 부여하는 것도 좋은 방안이다. 처음 교육 이수 후 소정의 평가에 합격하면 감사레벨 3등급을 부여하고 추후 중고급 과정을 통해서 감사레벨 1, 2등급을 부여하는 등의 방안을 생각해 볼 수 있다. 이러한 공공부문 감사자격과정이 없어 각급 공공기관에서는 감사 전문성 강화에 대한 평가를 잘 받기 위해 민간기업이나 기관에서 온라인 등을 통해 비교적 쉽게 발급하는 감사 관련 자격증을 취득하고 있다. 민간에서 발급하는 감사 관련 자격증은 수익성을 목적으로 하므로 신뢰성을 갖기 어렵다. 자체감사기구 직원에 대한 체계적 교육을 통해 자체감사기구의 감사역량이 향상되어야 역할분담을 통한 합리적 국가감사체계를 구축할 수 있다.

국민권익위원회의 경우를 참고할 수 있다. 공공기관 청렴교육은 법으로 정해진 의무사항이다. 매년 청렴교육을 의무적으로 해야 하므로 품질 높은 강사를 공급하기 위해 만든 제도가 청렴교육강사제도다. 기본강사, 소양강사, 전문강사로 나뉜다. 필자도 서류전형 통과, 청렴연수원 교육이수, 그리고 80점 이상의 점수가 나와야 하는 주·객관식 시험을 통과하여 청렴연수원 등록 청렴강사가 되었다. 「청탁금지법」 등 청렴 관련 법규에 대한 질의가 많은데 청렴전문강사 자격은 많은 도움을 주고 있고 상임감사가 직접 어려운 시험을 통과하여 청렴전문강사가 되었다는 것만으로도 청렴 확산에 많은 도움을 주고 있다.

한편, 현재 감사교육원은 경기도 파주에 위치하여 남부 지역에 있는 공직자가 이용하기 힘들다. ESG의 거버넌스 측면에서 중요한 기능을 하는 자체감사의 의의, 매너있는 감사 인터뷰 방법, 문제분석 능력, 대안제시 역량, 품격있는 감사문장 쓰기, 책임의 핵심을 찾아가는 문답방법, 디지털 포렌식, 전산감사, 사전컨설팅 감사 및 적극행정 마인드 등 감사 기본소양을 위해 필요한 교육컨텐츠는 다양하다. 자체 감사인의 역량과 감사문화를 개선시키기 위해서는 감사교육의 강화가 필수적이다. 우리나라에 공공분야 감사전문기관은 감사원이 유일하므로 감사원에서 자체 감사인 교육을 부수업무가 아니라 핵심업무로 취급하여야 한다.

현재 감사교육원이 파주에 위치하고 있어 중부나 남부지역에서 이용이 어려운 실정이다. 감사교육원이 경기 북부에 있어 방문이 어려우므로 자체 감사기구로부터의 감사교육수요가 제약을 받을 수 있다. 이러한 문제점을 해결하기 위해 남부지역에 감사교육원을 신설하면 교육접근성을 높여 교육수요도 많아지고 자격코스까지 운영하면 그 성과가 클 것으로 예상된다. 감사는 공직자가 행동할 때 가장 많이 의식하는 부분 중 하나이다. 시험과 유사하다. 객관식으로 출제하면 암기가, 주관식으로 출제하면 논리가 발전한다. 이처럼 공직자에게 많은 영향을 미치는 감사가 변해야 행정이 변하고, 행정이 변해야 우리나라가 발전한다. 감사가 변하기 위해서는 좋은 품질의 감사교육이 마련되고 지속적으로 개선되어야 한다.

국제내부감사기준에 따르면 감사인은 그들의 지식과 기술 그리고 그 밖의 역량을 지속적인 직무능력 개발을 통해 향상시키도록 되어 있다. 이에 따라 국제내부감사인협회(IIA)에서 공인하는 국제내부감사사(CIA, Certified

Internal Auditor)의 경우 연간 40시간 이상의 보수교육을 이수하여야 한다. 「공공감사운영에 관한 법률」에 따르면 감사원은 감사 및 회계 분야에 대한 교육 등 감사기구의 장 및 감사담당자의 전문성을 향상시키는 데에 필요한 교육을 하도록 되어 있다. 감사원에서의 생활을 돌이켜 보면 감사관으로 오랜 기간 훈련을 받아도 감사 논점을 제대로 잡거나 감사 문장을 논리적으로 쓰는 것조차도 상당히 어렵다. 자체감사 인력은 순환보직으로 배치되므로 감사전문성이 미약할 수밖에 없다. 그리고 감사관행도 현재적 관점에서 대폭 개선되어야 하므로 마인드 전환을 위한 감사교육의 필요성이 더 커지고 있다.

공공기관의 자체 감사 인력이 상당한 만큼 감사자격 부여 시스템과 함께 유지보수교육의 체계화를 통해 객관성, 신뢰성, 전문성을 갖춘 자체 감사인을 양성하려면 기존 감사교육의 틀을 깨는 큰 그림이 그려져야 할 것이다. 감사교육 장소의 접근성을 높이고 공공기관의 품격에 맞는 감사기초 역량을 체계적으로 교육하는 프로그램을 만들고 전문적인 유지보수교육을 강화하여 감사실 자체가 학습형, 진화하는 조직이 될 수 있어야 한다. 감사실이 다른 부서의 모델 조직이 되어야 신뢰성 있는 감사를 수행할 수 있다.

(2) 감사연구원의 감사 자체의 역량강화 연구기능 강화

공직자의 복지부동을 방지하고 적극행정을 지원하기 위해서는 감사 자체 관련 연구가 필요한데, 감사원 소속의 연구기관인 감사연구원을 적극 활용할 필요가 있다. 현재 감사연구원은 행정 각 분야별 감사대상업무에 대한 연구를 주로 수행하고 감사제도 자체나 적극행정 분야에 대한 연구는 일부분에 불과하다. 분야별 감사대상업무에 대한 연구는 각 분야별로 전문연구기관이 있어 깊이나 전문성의 수준에 있어 감사연구원이 전문연구기관보다 앞서기가 어렵다. 소수의 연구인력으로 모든 정부업무에 대한 연구를 할 수도 없다.

따라서 감사 자체와 관련된 연구에 집중하는 전략이 필요하다. 감사를 통해 국민만족도를 높이는 방안 연구, 공무원들로부터 환영받는 스마트하고 따뜻한 감사방법 연구, 감사 전체 프로세스에서 지켜야 할 말과 행동 규범 연구, 국가 전반적인 객관성 제고 방안, 행정인프라 구축방안 등 감사제도 발전과 투명하고 합리적인 국가사회를 만드는 방안을 연구하는 데 집중하는 것이 좋다고 생각한다. 한편으로 향후 감사방향을 보면 모든 기관에 대한 직접 감사보다는 자체감사 역량 및 활동 성과 등을 평가하여 미흡한 기관의 문제점을 개선하는 방식으로 감사가 이루어져야 한다. 이를 위해서는 평가방식에 대한 심층적인 연구가 요청된다.

자체감사 평가 외에도 감사를 위한 리스크 평가와 분석이 이루어져야 한다. 또한, 평가기준은 모든 업무수행에 있어 공정성과 관련한 중요한 요소이고, 감사 시 평가기준의 적정성에 대해 분석·검토하지 않을 수 없다. 평가기준과 관련된 연구도 감사 관련 연구로 중점 추진될 필요가 있다.

(3) 개방형 자체감사기구 책임자 응모 활성화

감사원은 국가최고 감사기구로서 중앙부처는 물론이고 대다수 공공기관에 대한 다양한 감사를 실시하는 감사전문기관이므로 경험과 역량이 있는 감사관을 양성할 수 있다. 단기간에 자체감사인력의 역량을 크게 향상시키기 어려우므로 자격을 갖춘 감사원 감사관들이 외부 개방형 감사관직에 많이 응모하도록 하여 각급 공공기관의 감사 및 사전컨설팅 감사 역량이 높아지도록 하는 방안이 필요하다.

필자도 감사원 감사관으로서 많은 경험을 축적했기 때문에 개방형 경기도 감사관 시절에 사전컨설팅 감사제도를 만들어 자신 있게 신청사안에 대한 의견을 제시할 수 있었다. 감사원이 감사해야 할 대상기관은 수만 개에 이르고 있다. 이렇게 많은 기관을 감사원이 직접 감사하기 어려우므로 감사원의 역량 있는 직원을 자체감사기구의 장으로 배출하여 자체감사기구의 역량 자체를 키우는 데에 힘을 써야 한다. 물론 감사인력 운용에 지장이 없고 감사대상기관에서 자체감사역량 강화를 위해 적극적으로 원하는 경우 가능할 것이다.

마. 차관 이하 파격적 성과급제도를 통한 인센티브 시스템 구축

적극행정을 통한 문제해결형 정부가 되기 위해서는 공무원들이 직위나 자리보다는 현재 수행하고 있는 일에 충실하게 만들 필요가 있다. 이를 가능하게 하기 위해서는 평가에 기반하여 파격적인 성과급이 지급되는 인센티브 시스템 구축이 필수적이다.

구체적인 실현방안을 마련해 보자면 부처 장관은 그 분야를 상징하는 대표성이 있고 명예직의 성격이 있기 때문에 장관을 업무실적과 연계하여 차등하기는 어려운 점이 있다. 차관 이하의 공직자에 대해서는 파격적인 성과급제도를 도입해 볼 수 있다. 장관보다 훨씬 많은 보수를 받는 차관이 나와야 한다. 형평성을 높이기 위해 업무 성격에 따라 유사 군으로 묶어 평가할 수 있다. 현재 공기업 등 공공기관에 대해서는 기관평가를 통해 임원의 급여에 대해 상당한 금액의 보너스 차등을 두고 있다. 이미 공공기관에 적용하고 있는 평가시스템이므로 중앙정부에도 도입이 가능하다.

공공기관의 특성상 성과측정이 어렵다는 반론이 있을 수 있으나 공공기관도 여건은 동일 또는 유사하다. 차관 이하 공무원에 대한 평가를 할 수 없다면 공공기관에 대한 평가도 할 수 없다. 문제해결에 방점을 둔 평가지표를 잘 개발해서 적용하고 문제가 있으면 시행착오를 통해 고쳐나가면 된다. 공공부문은 원래 평가가 어려우므로 평가가 의미가 없다는 식을 이야기를 하면 안 된다. 로켓을 쏘아 화성도 가는데 진지하게 분석, 연구하면 분명 좋은 평가지표를 만들어 평가를 객관화할 수 있다. 현재 공직자의 성과급 시스템은 직원별 보수의 차이가 크지 않아 불합리한 평가 결과에 민감하게 반응하지 않는다. 이에 따라 평가시스템도 발전이 되지 않고 있다. 성과급에 큰 차이가 발생하면 평가에 민감해지고 잘못된 평가가 이루어지면 강한 반발이 생기므로 평가시스템이 비약적으로 발전하게 된다.

감사실의 경우 사전컨설팅 감사를 제대로 수행하기 위해서는 '자기희생'의 적극 마인드가 필요하다. 승진을 앞둔 직원을 배치하여 열심히 문제를 해결하도록 하고 그 성과에 따라 승진을 시키는 구조를 설계해 볼 수 있다.

사전컨설팅 감사 등 경기도 감사개혁 일지(2013~2015)

○ 2013. 7. 29.: 경기도 감사관 부임

○ 2013. 9월: 깨끗·스마트하고 배려하는 감사문화 정립을 위한 도·시 군·공공기관 감사관계관 회의(9. 24.~9. 25.)

○ 2014. 2월: 2014년 청렴 및 감사행정 등 운영방향 T-broad 인터뷰 (2. 7.)

○ 2014. 3월: 자율적 내부통제 대통령 기관표창 경기 G TV 인터뷰(3. 7.) 소극행정 기획감찰 계획 수립(3. 27.)

○ 2014. 4월: 감사시스템 개혁 기본계획 수립(4. 4.) 감사시스템 개혁 기본계획 언론 브리핑(4. 9.) 감사시스템 개혁계획 T-broad 인터뷰(4. 15.) 감사개혁 관련 감사관계관(도·시군·공공기관) 회의(4. 16.)

○ 2014. 4월: 최초 사전 컨설팅 감사 접수(4. 21.) 감사총괄담당관실 적극행정도움팀 신설(4. 28.)

○ 2014. 5월: 「경기도 적극행정 지원을 위한 사전컨설팅 운영지침」 수 립(5. 28.)

○ 2014. 6월: 「경기도 공무원 등 적극행정 면책 및 경고 등 처분에 관 한 규정」 개정(6. 10.)

불합리 규제 및 소극행정 기획감사 언론브리핑(6. 24.)

○ 2014. 6월: 소극행정 기획감찰 결과 언론 브리핑(6. 23.)

○ 2014. 7월:「경기도 적극행정 지원을 위한 사전컨설팅 감사 규칙」 제정(7. 14.)

찾아가는 경기도 적극행정 시책 설명회(의왕시/수원시/성남시)

○ 2014. 8월: 찾아가는 경기도 적극행정 시책 설명회(여주시/안성시)

○ 2014. 9월: 찾아가는 기업 불편·애로 조사계획 수립

찾아가는 경기도 적극행정 시책 설명회

(중기센터/광주시/오산시/하남시/동두천시)

○ 2014. 10월: 사전컨설팅 감사 홈페이지 구축(10. 20.)

찾아가는 경기도 적극행정 시책 설명회

(화성시/시흥시/군포시/광명시/안산시/평택시)

감염병 관리실태 감사결과 언론브리핑(10. 28.)

○ 2014. 11월 :찾아가는 경기도 적극행정 시책 설명회(남양주시)(11. 3.)

경기지역 규제개혁 끝장 토론회 발표(11. 13.)

감사실적 평가시스템 개선 및 관리 계획 수립(11. 13.)

○ 2014. 12월 : 국민권익위 공공기관 청렴도 평가 1위 달성 언론 브리핑(12. 3.)

청렴도평가 1위 달성 경기방송 인터뷰(12. 11.)

청렴도평가 1위 달성 YTN FM 인터뷰(12. 15.)

시·군 자체 감사활동 평가 포상계획 수립(12. 22.)

사전컨설팅 감사제도 시·도지사 회의 발표(12. 22.)

○ 2015. 1월: 찾아가는 기업애로 기동해결단 출범 언론 브리핑(1. 28.)

○ 2015. 2월: 찾아가는 경기도 적극행정 시책 설명회(소방재난본부)(2. 25.)

　　　　　 찾아가는 경기도 적극행정 시책 설명회(파주시)(2. 26.)

○ 2015. 4월: 찾아가는 경기도 적극행정 시책 설명회(용인시)(4. 2.)

　　　　　 행정자치부 '사전컨설팅제' 시행(4. 7.)

　　　　　 경기도 감사개혁 추진성과 브리핑(4. 28.)

　　　　　 찾아가는 경기도 적극행정 시책 설명회(부천시)(4. 28.)

○ 2015. 5월: 대통령 '제3차 규제개혁장관회의'에서 경기도가 사전컨설팅 감사를 운영해 좋은 성과를 거두었고 감사원은 중앙정부 차원의 적극 도입 검토 당부(5. 6.)

　　　　　 어린이 등하굣길 안전점검 관련 경기 G TV 인터뷰(5. 15.)

○ 2015. 7월: 찾아가는 경기도 적극행정 시책 설명회(대한전문건설협회)(7. 23.)

○ 2015. 8월: 찾아가는 경기도 적극행정 시책 설명회(양주시)(8. 24.)

○ 2015. 11월: 대통령 '제4차 규제개혁장관회의'에서 사전컨설팅 감사제도 우수사례 확산 노력 지속 당부(11. 6.)

○ 2015. 12월: 고충민원 해결 우수공무원 선정 및 인사가점 부여(12. 8.)

사전컨설팅 감사제도의 법규상 도입과정과 개념 정리

1. 사전컨설팅 감사와 관련된 법규 내용

가. 경기도 「경기도 사전컨설팅감사 규칙」

필자가 2014년 7월 「경기도 적극행정 지원을 위한 사전 컨설팅감사 규칙」을 제정할 당시 사전컨설팅 감사란 "공무원 등이 사무처리 근거법령의 불명확한 유권해석, 법령과 현실과의 괴리 등으로 인하여 능동적인 업무추진을 하지 못하고 있는 경우에 적극행정을 할 수 있도록 사전에 그 업무의 적법성과 타당성을 검토하여 컨설팅하는 것을 말한다"라고 규정하였고 현재도 이를 그대로 사용하고 있다.

나. 「지방자치단체에 대한 사전 컨설팅감사 운영에 관한 규정」
[국무총리 훈령 제664호, 2016. 4. 29. 제정]

사전컨설팅감사에 대해 "중앙행정기관의 장이 광역지방자치단체의 신청을 받아 규제 관련 사항에 대해 조언·자문·권고하거나 규제 관련 법령 등의 해석을 하거나 또는 규제개혁이나 적극행정을 지원하는 행위"로 정의한다.

제2조(정의) 이 규정에서 사용하는 용어의 정의는 다음과 같다.
1. ~ 3. 생략
4. "사전컨설팅감사"란 공무원이 적극행정을 할 수 있도록 중앙행정기관의 장이 특별시장·광역시장·특별자치시장·도지사·특별자치도지사의 신청을 받아 행하는 다음 각 호의 행위를 말한다.

가. 인 · 허가 등 규제와 관련하여 공무원이 능동적으로 업무 처리를 하지
   못하고 있는 경우 사전에 그 업무의 적법성 및 타당성을 검토하여 조
   언 · 자문 · 권고 등을 하는 것
나. 규제 관련 법령 등이 불명확하여 해석 · 적용에 어려움이 있을 때 그
   해석을 하여 주는 것
다. 위 각 호에 준하는 경우로서 규제개혁 또는 적극행정을 지원하는 것

다. 공공감사에 관한 법률 시행령 [대통령령 제29764호, 2019. 5. 14. 시행]

2015. 5. 18.「공공감사에 관한 법률 시행령」개정을 통해 신청에 의한
일상감사가 신설되었다. 사전컨설팅감사라는 용어를 직접 사용하지 않고
중앙행정기관과 광역지방자치단체의 장 등이 자체감사 기구의 장에게 규제
관련 사항에 대해 업무수행에 앞서 일상감사를 신청할 수 있도록 정하였
다. 규제 관련 사항에 대하여는 사전컨설팅감사 형태의 일상감사가 가능하
도록 정했다는 의의가 있다.

제13조의2(신청에 의한 일상감사) (신설 2015. 5. 18.)
① 중앙행정기관, 특별시 · 광역시 · 도 및 특별시 · 광역시 · 도의 교육청의 자
체감사 대상기관의 장은 제13조제2항에 따른 일상감사 업무가 아닌 업무로
서 다음 각 호의 어느 하나에 해당하는 업무의 수행에 앞서 해당 감사기구의
장에게 일상감사를 신청할 수 있다.
 1. 인 · 허가 등 규제 관련 업무
 2. 규제 관련 법령의 해석에 대한 이견 등으로 인하여 발생한 민원 업무
 3. 그 밖에 중앙행정기관, 특별시 · 광역시 · 도 및 특별시 · 광역시 · 도의 교
    육청장 또는 해당 감사기구의 장이 규제 개선 등을 위하여 필요하다고
    인정하는 업무

라. 적극행정 운영규정 [대통령령 제30016호, 2019. 8. 6. 제정]

자체감사 대상기관의 장이 규제나 불명확한 법령 등으로 업무를 적극 추진하기 곤란한 경우 감사기구의 장에게 해당 업무의 처리 방향 등에 관한 의견제시를 요청할 수 있고, 감사기구의 장이 판단이 곤란한 경우 감사기구의 장이 소속된 중앙행정기관의 장이 감사원에 의견 제시를 요청할 수 있도록 규정하였다. 감사원이 중앙행정기관의 장의 요청에 따라 사전컨설팅을 실시하는 근거를 마련한 것이다.

제5조(의견 제시 요청)
① 「공공감사에 관한 법률 시행령」 제12조제1항에 따른 자체감사 대상기관의 장(이하 "자체감사 대상기관의 장"이라 한다)은 소속 공무원이 인가·허가·등록·신고 등과 관련한 규제나 불명확한 법령 등으로 인해 업무를 적극적으로 추진하기 곤란한 경우에는 「공공감사에 관한 법률」 제2조제6호에 따른 감사기구의 장(이하 "감사기구의 장"이라 한다)에게 해당 업무의 처리 방향 등에 관한 의견의 제시를 요청할 수 있다.
② 제1항에 따라 의견 제시 요청을 받은 감사기구의 장이 사안이 중대하거나 둘 이상의 기관이 관련되어 있는 등의 사유로 의견을 제시하기 곤란한 경우에는 해당 감사기구의 장이 소속된 중앙행정기관의 장이 감사원에 제1항에 따른 업무의 처리 방향 등에 관한 의견의 제시를 요청할 수 있다.

제7조(적극행정 실행계획의 수립 등)
① 중앙행정기관의 장은 다음 각 호의 사항을 포함하는 적극행정 실행계획을 매년 수립·시행해야 한다.
 1. ~ 3. 생략
 4. 제5조제1항 및 제2항에 따른 의견의 제시(이하 "사전컨설팅"이라 한다)와 제16조·제17조에 따른 적극행정 면책제도의 운영에 관한 사항
 5. ~ 6. 생략

마. 지방공무원 적극행정 운영규정
[대통령령 제30018호, 2019. 8. 6. 제정]

지방자치단체 자체감사 대상기관의 장이 규제나 불명확한 법령 등으로 업무를 적극 추진하기 곤란한 경우 감사기구의 장에게 해당 업무의 처리 방향 등에 관한 의견제시를 요청할 수 있고, 감사기구의 장이 판단이 곤란한 경우 기초지방자치단체는 감사기구의 장이 소속된 기관의 장이 시·도의 감사기구에, 광역지방자체단체의 장은 중앙행정기관 또는 감사원에 의견제시를 요청할 수 있도록 정하였다.

제5조(의견 제시 요청)
① 지방자치단체의 「공공감사에 관한 법률 시행령」 제12조제1항에 따른 자체감사 대상기관(「제주특별자치도 설치 및 국제자유도시 조성을 위한 특별법」 제131조제1항에 따른 감사대상기관을 포함한다)의 장은 소속 공무원이 인가·허가·등록·신고 등과 관련한 규제나 불명확한 법령 등으로 인해 업무를 적극적으로 추진하기 곤란한 경우에는 해당 지방자치단체의 「공공감사에 관한 법률」 제2조제6호에 따른 감사기구의 장(「제주특별자치도 설치 및 국제자유도시 조성을 위한 특별법」 제131조제1항에 따른 감사위원회의 위원장을 포함한다. 이하 "감사기구의 장"이라 한다)에게 해당 업무의 처리 방향 등에 관한 의견의 제시를 요청할 수 있다.
② 제1항에 따라 의견의 제시를 요청받은 지방자치단체의 감사기구의 장이 사안이 중대하거나 둘 이상의 기관이 관련되어 있는 등의 사유로 의견을 제시하기 곤란한 경우에는 해당 감사기구의 장이 소속된 지방자치단체의 장이 다음 각 호의 구분에 따른 기관의 장에게 해당 업무의 처리 방향 등에 관한 의견의 제시를 요청할 수 있다.
 1. 시장·군수·구청장(자치구의 구청장을 말한다. 이하 같다)의 경우: 해당 시·군·구가 소속된 시·도의 감사기구
 2. 특별시장·광역시장·특별자치시장·도지사·특별자치도지사 및 시·도

교육감의 경우(제1호에 따라 시장·군수·구청장으로부터 의견의 제시를 요청받은 경우를 포함한다): 소관 업무를 관장하는 중앙행정기관의 감사 기구 또는 감사원

제7조(적극행정 추진사항 평가 등)
① 「지방공무원법」 제75조의2제1항 후단에서 "대통령령으로 정하는 인사상 우대 및 교육의 실시 등의 사항"이란 다음 각 호의 사항을 말한다. <개정 2021. 7. 27.>
  1. ~ 3. 생략
  4. 제5조에 따른 의견의 제시(이하 "사전컨설팅"이라 한다)와 제15조 및 제16조에 따른 적극행정 면책제도의 운영에 관한 사항
  5. ~ 6. 생략

2. 유사 개념과의 차이점

가. 일상감사

「공공감사에 관한 법률」에 따르면 일상감사란 자체감사의 장이 소속 기관의 주요 업무 집행에 앞서 그 업무의 적법성·타당성 등을 점검·심사하는 것을 말한다. 법 시행령에서 정한 일상감사의 구체적 업무는 주요 정책의 집행업무, 계약업무, 예산관리 업무 기타 필요하다고 인정하는 업무이다. 일상감사는 자체감사부서에서 내부통제를 위해 수행하는 서면 위주의 감사활동이다. 사전컨설팅 감사제도 도입의 영향으로 2015. 5. 18. 법 시행령 개정을 통하여 규제 관련 사항에 대해 신청에 의한 일상감사제도가 만들어졌다. 신청에 의한 일상감사는 규제 관련 사항에 대해 사전컨설팅 감사의 역할을 할 수 있다. 그러나 일상감사는 속성이 내부통제를 위한 사전감사로서 소극성을 지니므로 최고의 역량을 발휘하여 문제를 적극 해결하려는 사전컨설팅 감사와는 출발점이 다르다는 한계를 지닌다. 2015년에 제

도적 근거가 마련되었으나 이 제도만으로는 한계가 있어 사전컨설팅을 위한 새로운 법규가 나왔다.

나. 컨설팅 감사

사전컨설팅 감사제도 도입 이전에 감사 실무적으로 '컨설팅감사'를 실시한다고 표현하는 경우가 있었다. 실지감사를 할 때 감사가 너무 고압적, 적발 위주라는 비판에 대응하기 위해 컨설팅, 즉 업무를 지도하는 형태의 감사를 실시한다는 의미에서 '컨설팅'이라는 용어를 사용했다. 필자가 경기도 감사관으로 부임했을 때 업무계획을 보니 경기도 소관 시·군에 대해 종합감사를 실시하면서 "○○시 컨설팅 종합감사"라는 형태의 감사 제목을 사용하였다. 직원들에게 '종합감사'와 '컨설팅 종합감사' 간에 무슨 차이가 있느냐고 물었더니 특별한 차이는 없고 '컨설팅'이라는 용어를 덧붙이면 감사라는 용어가 순화된다고 했다. 컨설팅 감사를 한다고 공표해 놓고 실제로는 과거와 똑같이 고압적으로 감사한다는 불만도 들렸다. 컨설팅 신청 절차와 관련된 법규나 실적평가·관리와 같은 제도도 없어 실체가 불분명하여 사전컨설팅 감사제도와 비교 자체가 어렵다.

한편으로 국제내부감사인협회(IIA)에 따르면 내부감사는 보증(assurance) 및 컨설팅(consulting) 서비스를 제공한다. 보증 서비스는 조직의 지배구조, 리스크 관리, 그리고 통제 프로세스에 관한 독립적인 평가를 제공하기 위해 실시하는 객관적인 증거에 대한 조사이다. 재무감사, 수행성과 감사, 법규준수 감사, 시스템 보안감사 등이 이에 해당한다. 컨설팅 서비스는 조직의 거버넌스, 리스크 관리 그리고 통제 프로세스의 가치를 제고하고 개선할 의도를 갖고 하는 자문 및 관련 고객서비스 활동을 말한다. 고객과 합의가 되고 내부감사인이 관리책임을 지지 않는다. 사전컨설팅 감사는 조직 내부의 제도적 개선 목적보다는 구체적 사안에 대한 판단과 관련된 의견제시이고 그 판단에 대해서는 감사실도 책임을 지므로 컨설팅 서비스와는 성격이 다르다.

3. 종합

경기도에서 최초에 사전컨설팅 감사를 "공무원 등이 사무처리 근거법령의 불명확한 유권해석, 법령과 현실과의 괴리 등으로 인하여 능동적인 업무추진을 하지 못하고 있는 경우에 적극행정을 할 수 있도록 사전에 그 업무의 적법성과 타당성을 검토하여 컨설팅하는 것"으로 정의하였는데, 그 후의 제정된 법규도 이와 유사하게 개념을 정의하고 있다.

경기도가 최초로 2014년 개념을 내놓았고 2016년에는 행정안전부가 국무총리 훈령인 「지방자치단체에 대한 사전 컨설팅감사 운영에 관한 규정」에서 개념을 정리했다. 그후 2019년에는 대통령령인 「적극행정 지원규정」 제7조와 「지방공무원 적극행정 지원규정」 제7조에 각각 '의견의 제시(이하 "사전컨설팅"이라 한다)'라고 규정하면서 '사전컨설팅'이 법령상의 용어가 되었다. 2014년 경기도가 최초 도입하였고 행정안전부가 2016년 총리훈령으로 도입한 이후 대통령령에는 2019년에 규정되었다.

중앙정부 차원에서 각급 지방자치단체로 보급되는 중앙 차원의 시책이 아니라 지방자치단체에서 최초 도입되어 거꾸로 중앙으로 올라가게 된 시책이라는 것을 보여준다. 용어를 '사전컨설팅 감사'로 사용하든 '사전컨설팅'으로 사용하든 간에 그 실체적 내용은 경기도에서 최초로 정의한 '사전컨설팅 감사'가 그 뿌리다.

부록 3

감사원 사전컨설팅 제도 운영규정

[시행 2022.7.18.][훈령 제824호, 2022.7.15., 일부개정]

적극행정지원담당관 02-2011-2736

제1조(목적) 이 규정은 「감사원법」(이하 "법"이라 한다) 제30조의2 등에 따라 규제개혁 등 적극행정을 위하여 감사원에 사전컨설팅을 신청하는 경우 그 처리에 관한 절차 및 방법 등에 필요한 사항을 정함을 목적으로 한다.

제2조(정의) 이 규정에서 사용하는 용어의 정의는 다음 각 호와 같다.

1. '적극행정'이란 법 제34조의3에 따라 불합리한 규제의 개선 등 공공의 이익을 위하여 업무를 적극적으로 처리하는 행위를 말한다.
2. '사전컨설팅'이란 적극행정을 추진하는 과정에서 의사결정에 어려움을 야기하는 요인이 있어 해당기관이 사전에 관련 규정의 해석 등에 대한 의견을 구하는 경우 그에 대하여 의견을 제시하는 행위를 말한다.
3. '인용'이란 사전컨설팅 신청기관의 의견대로 조치하는 것이 타당하다는 의견을 제시하는 경우를 말한다.
4. '기각'이란 사전컨설팅 신청기관의 의견대로 조치하는 것이 타당하지 않다는 의견을 제시하는 경우를 말한다.
5. '의견제시'란 사전컨설팅을 통해 인용·기각이 아닌 별도의 의견을 통보하는 경우를 말한다.
6. '반려'란 사전컨설팅 대상이 아닌 사안에 대한 신청 등 신청요건에 부합하지 아니하여 사안에 대해 검토·처리하지 않고 되돌려주는 행위를 말한다.

제3조(적용범위) 이 규정은 중앙행정기관, 지방자치단체 및 「공공감사에 관한 법률」 제2조에 따른 공공기관(이하 "신청기관"이라 한다)에 대하여 적용한다.

제4조(사전컨설팅의 대상) ① 사전컨설팅의 대상은 신청기관의 소속기관 또는 부서 등이 자체감사기구에 사전컨설팅을 신청한 감사원 감사대상 업무 중 사안이 중대하거나 다수의 기관이 관련되어 있는 등으로 자체적인 판단이 어려운 경우로 한다. 다만, 공공기관의 장 및 시장·군수·구청장이 사전컨설팅을 신청할 수 있는 대상은 자체감사기구가 자체적으로 사전컨설팅을 수행하고 있는 경우로서 감사원이 직접 사전컨설팅을 처리하는 것이 타당하다고 인정되는 경우에 한한다.

② 다음 각 호 중 어느 하나에 해당하는 경우 사전컨설팅의 대상에서 제외한다.

  1. 관계 법령 등에 명확하게 규정되어 있어 자체적으로 판단하여 처리할 수 있는 경우
  2. 신청기관이 자체적으로 충분한 검토를 거치지 않은 경우
  3. 이미 행해진 처분의 위법·부당여부 확인을 위한 경우
  4. 신청사항과 관련된 수사, 소송, 행정심판 및 감사원의 감사가 진행 중이거나 확정된 경우
  5. 단순 민원해소 또는 소극행정·책임회피의 수단으로 사전컨설팅을 이용하고자 하는 등 사전컨설팅으로 처리하기 부적합한 경우

제5조(사전컨설팅의 신청 및 접수) ① 신청기관의 장이 감사원에 사전컨설팅을 신청하고자 하는 경우 '사전컨설팅 신청서'(별지 제1호서식)를 작성한 후 해당 기관장의 명의로 감사원에 송부하여야 한다.

② 적극행정지원담당관은 사전컨설팅 신청서를 접수하여야 한다. 다만, 감사부서의 장이 사전컨설팅 신청서를 접수한 때에는 즉시 적극행정지원담당관에게 접수사실을 통보하여야 한다.

③ 적극행정지원담당관은 사전컨설팅이 접수되면 직접 처리하거나 「감사원사무처 사무분장규정」에 따라 신청기관을 감사대상기관으로 하는 감사부서의 장 등 다른 부서의 장에게 이송하여 처리하게 할 수 있다. <개정 2022.7.15.>

④ 제3항에 따라 사전컨설팅을 처리하는 적극행정지원담당관 또는 감사부서의 장(이하 "처리담당과장"이라 한다)은 사전컨설팅 신청이 제4조제2항에 해당한다고 판단되는 경우 소관 국·단장의 결재를 받아 이를 반려할 수 있다.

제6조(사전컨설팅의 실시) ① 사전컨설팅은 서면검토를 원칙으로 하되 필요에 따라 현지조사 등을 병행할 수 있다.

② 처리담당과장은 사전컨설팅을 위하여 필요하다고 인정하는 경우에는 사전컨설팅 신청기관 또는 관계기관에 필요한 자료의 제출 및 의견조회 등을 요청할 수 있다.

③ 처리담당과장은 사전컨설팅 신청사안에 대하여 필요한 경우 다른 감사부서의 장의 의견조회를 거치거나 감사원 내·외부 전문가의 자문을 거칠 수 있다.

④ 감사부서의 장은 제1항 내지 제3항에 따라 검토한 결과에 대해 적극행정지원담당관의 의견조회를 거쳐야 한다.

⑤ 처리담당과장은 '사전컨설팅 검토결과 보고서'(별지 제2호서식)를 작성하여 소관 국·단장의 결재를 받아 확정한다.

제7조(감사위원회의 의결) ① 제6조제5항에도 불구하고 다음 각 호의 어느 하나에 해당하여 사회적 파급효과가 큰 중요사항의 경우 감사위원회의 의결을 거쳐 사전컨설팅 검토결과를 확정한다.

 1. 주요 정책 및 다수 이해자 관련 사항

 2. 규정(제도) 개선 관련 사항

 3. 기존 유권해석 및 감사원 감사결과와 다른 의견을 제시하는 사항

 4. 그 밖에 감사원장(이하 "원장"이라 한다)이 감사위원회의 의결을 거치도록 한 사항

② 처리담당과장은 제1항에 해당하는 사전컨설팅의 검토결과를 작성하여 국·단장, 제1·2차장·공직감찰본부장·기획조정실장, 사무총장, 원장에게 보고하여 감사위원회의 부의여부를 결정하며 부의대상에 해당되지 않을 경우 원장의 결재로 검토결과를 확정한다.

제8조(사전컨설팅 의견서의 작성 및 통보) ① 처리담당과장은 제5조부터 제7조까지에 따른 사전컨설팅 결과를 인용·기각·의견제시 등으로 정리하여 '사전컨설팅 의견서'(별지 제3호서식)를 작성한다.

② 처리담당과장은 사전컨설팅 신청을 받은 날부터 30일 이내에(감사위원회의 의결을 거친 경우에는 60일 이내) '사전컨설팅 의견서'를 첨부한 사전컨설팅

검토결과를 신청기관의 장에게 통보하여야 한다. 다만, 제6조제2항에 따른 자료제출 및 의견조회기간은 처리기간에 산입하지 아니하며, 사안이 복잡하거나 신중한 처리 등을 위하여 필요한 경우 검토 기한을 연장할 수 있다.

③ 처리담당과장은 제2항에 따라 통보할 때에는 적극행정지원담당관 및 관련 감사부서의 장에게도 사전컨설팅 검토결과를 송부하여야 한다. 다만 적극행정지원담당관이 처리담당과장인 경우에는 관련 감사부서의 장에게 사전컨설팅 검토결과를 송부한다.

④ 처리담당과장은 사전컨설팅 의견의 실효성을 확보하기 위하여 필요하다고 판단한 경우에는 신청기관 외의 다른 기관에게도 제2항에 따른 사전컨설팅 의견서를 송부할 수 있다.

제9조(사전컨설팅 이행결과의 제출) 제8조제2항에 따라 사전컨설팅 의견서를 통보받은 신청기관의 장은 사전컨설팅에 따른 조치결과를 '사전컨설팅 이행결과'(별지 제4호서식)로 작성하여 관련 감사부서의 장 및 적극행정지원담당관에게 제출하여야 한다.

제10조(사전컨설팅의 효력) ① 사전컨설팅 신청기관의 장은 감사원의 사전컨설팅 결과에 기속되지는 않으나, 특별한 사정이 없는 한 그 의견을 반영하도록 노력하여야 한다.

② 제8조제2항의 의견대로 처리한 사항에 대해서는 「감사원 감사사무 처리규칙」 제36조제2항에 따라 특별한 사유가 없는 한 적극행정면책 기준을 충족한 것으로 추정한다.

부칙〈제824호, 2022.7.15.〉

제1조(시행일) 이 훈령은 2022년 7월 18일부터 시행한다.

제2조(적용례) 제5조의 개정규정은 이 훈령 시행일 이후 접수되는 사전컨설팅 사항부터 적용한다.

[별지 제1호서식] 사전컨설팅 신청서

사전컨설팅 신청서

신청기관 (부서명)		자체감사기구에 컨설팅 신청이 접수된 일자	
건 명			

1. 신청 배경* 사전컨설팅 신청 건에 대한 사업개요, 추진 경과 등 기술
 2. 신청 요지
1) 신청 사항
2) 관련 법령
3) 주요 쟁점* 甲설 및 乙설 필수기재
 3. 사전컨설팅 신청 사유
1) 신청기관·부서 의견
2) 자체감사기구에서 확인 및 점검한 사항
3) 감사원에 사전컨설팅을 신청한 사유
 4. 사전컨설팅 체크리스트

대상	점검항목	해당 여부 (O/X)	구체적 사항기재
컨설팅 대상 여부 (제4조 제1항)	감사원 감사대상 업무인지		
	공공의 이익 및 적극행정과 관련된 사안인지		
	법령 해석에 관한 사항인지 (구체적 사실인정에 관한 사안은 아닌지)		ex.판례·해석
	동일 사안에 대한 정립된 판례나 법령 소관 중앙행정기 관 등의 해석이 없는지		ex.법령 및 쟁 점사항
	이해관계자와 담당자간 사적인 이해관계가 없는지		
반려 대 상 여부 (제4조 제2항)	관계 법령 등에 명확하게 규정되어 있어 자체적으로 판 단하여 처리할 수 있는 경우는 아닌지		
	신청기관이 컨설팅 신청내용 외 기타 해결방안에 대한 검토를 하는 등 자체적으로 충분한 검토를 거쳤는지		
	이미 행해진 처분의 위법·부당여부 확인을 위한 경우는 아닌지		
	수사, 소송, 행정심판 및 감사원의 감사가 진행 중이거나 확정된 경우는 아닌지		ex.해당내용 첨부
	단순 민원해소 또는 소극행정·책임회피의 수단으로 사전 컨설팅을 이용하고자 하는 등 사전컨설팅으로 처리하기 부적합한 경우는 아닌지		

* 구체적 사항 기재시 필요한 경우 붙임으로 상세자료를 첨부

※ 붙임 : 기존 자체감사기구에 접수된 신청서 및 관련 증빙·근거법령·해당 사업의 세부자료 등

[별지 제2호서식] 사전컨설팅 검토결과 보고서

등록번호	-
기안	급
검토	과장
보존기간	10년
공개구분	비공개

○○국장

사전컨설팅 검토결과
- 000000 관련 -

2022. 00.

○○○○○과

Ⅰ. 신청 배경 및 신청 요지

---

1. 신청 배경
□
2. 신청 요지
 가. 컨설팅 신청 사항
  ○
 나. 관계 법령

  ■ ○○법
  제00(○○) ①

 다. 신청기관·부서 처리 의견
  ○
 라. 신청기관 자체감사기구 검토 의견
  ○

Ⅱ. 법령 소관 중앙행정기관 의견 등

1. 법령 소관 중앙행정기관 의견
   □
2. 적극행정지원담당관실 의견
   □
3. 他 감사부서 의견
   □

Ⅲ. 사전컨설팅 검토의견

1. 검토결과
   □
2. 종합의견(안)
   □

[별지 제3호서식] 사전컨설팅 의견서(개정 2022.7.15.)

사전컨설팅 의견서

신청일	. . . [접수번호-]
신청 기관명	
건명	

❖ (쟁점 및 검토결과 요약)

① 신청 개요
 1. 신청 이유
  ○
 2. 쟁점
  ○
② 판단 기준(법리·증거 등 판단)
  ○
③ 종합 의견
  ○

[별지 제4호서식] 사전컨설팅 이행결과

사전컨설팅 이행결과

신청일 (결과회신일)		신청기관 (부서명)	
건명			

1. 신청개요

2. 감사원의 사전컨설팅 회신 의견 요지

3. 이행 결과

4. 사유(감사원의 사전컨설팅 결과와 다르게 업무를 추진했을 경우 작성)

개인 스토리와 삶의 지혜

　사실 필자는 다른 고시 출신의 중앙부처 공무원과 달리 상당히 독특한 면이 있었다. 통상 고시 출신 공무원은 고등학교 학업성적이 좋은 모범생이 많다. 그러나 필자는 고등학교 내신등급이 15등급 중 14등급이었을 정도로 학업성적이 좋지 않았다. 고등학교 시절에 공부에는 관심이 없고 친구들과 락밴드를 만들어 퍼스트 기타를 연주했다. 그럼에도 군대 제대 후 정신 차리고 공부를 시작해서 행정고시 재경직에 합격했다. 이러한 독특한 스토리 때문에 1995년 한선교와 허수경이 진행한 MBC '아침마당'에 출연하기도 했다.

　한편으로 필자는 사주를 통해 자신감을 얻은 인연으로 명리를 틈틈이 공부했고 주위 사람들의 팔자를 봐주는 것을 즐겨한다. 그 사람의 기질을 이해하고 도움이 되는 말을 줄 수 있기 때문이다. 주역의 원리인 '음양'을 '오행'으로 좀 더 구분해서 우리 인생살이에 적용한 명리학에 관한 이야기도 흥미 있는 주제이다.

　독특한 스토리가 있어 만나는 사람들에게 내신 14등급이 고시 합격한 스토리와 사주팔자 이야기를 들려주면 재미있고 배움이 있다고 좋아하는 경우가 많았다. 기왕에 책을 출판하게 되었으니 이러한 필자의 개인 이야기도 <추록> 형식으로 담았다.

코로나와 수출 부진, 취업난 등 어려운 경제 현실로 인해 많은 사람이 실망과 절망에 빠져 있다. 이러한 어려운 시기일수록 동기부여와 관점의 전환을 통해 새로운 활력을 얻고 성공의 길로 나아가야 한다. <추록>을 첨부한 것은 필자가 어려움을 극복하면서 알게 된 원리와 동양철학의 지혜를 설명함으로써 독자 여러분에게 성공을 위한 희망의 메시지를 전해주기 위한 마음에서 비롯되었다.

아무쪼록 이 파트를 통해 여러분이 자체 보유하고 있는 성공의 인자를 활발하게 작동시켜 각자의 성공을 이루는 데 도움이 되었으면 한다.

1. 최악의 상황이 나를 일깨웠다: 내신 14등급의 고시 합격기

가. 암울하던 시기에 락밴드 기타리스트를 꿈꾸다

필자는 전라남도 보성에서 1남 4녀의 첫째로 태어났다. 보성에서 초등학교에 다니다 5학년이 되자 자식의 공부 성공을 바라는 부모님의 열정에 힘입어 광주 산수초등학교로 전학하였다. 부모님의 지인 집에 하숙하게 되었고 졸업 후 광주충장중학교를 다녔다. 중학교 시절에는 자취하게 되었고 가족과 떨어져 혼자 살면서 학업에 집중하지 못했다.

고등학교는 광주서석고등학교를 다녔는데 2학년 때 5.18 광주민주화운동이 발생했다. 학교는 휴교 조치를 취했으며, 시내에는 공수부대원들이 몽둥이를 들고 돌아다녔다. 광주광역시 충장로를 중심으로 시민들의 대규모 시위가 있었다. 시내에 나가보니 학교 선생님들도 시위대에 참여하고 있었다. "이것은 프랑스 혁명과 같다. 시민이 독재에 저항해 일어선 것이다"라는 선생님들끼리의 대화를 들었던 것이 아직도 기억난다. 당시 유신독재가 종식되고 민주화 열망이 끓어오르자 새로운 군부독재 세력이 이를 차단하고 나서니 문제가 발생한 것이다. 호남사람에 대한 차별도 극심해서 소위 출세하기 어려운 시절이었다.

시민군이 군부에 의해 진압되고 학교가 다시 개교되었으나 학교에 다니는 것이 재미없었다. 한 학급에 70명이 넘었고 암기 주입식 교육에 대한 반항심도 생겼다. 이러한 분위기 속에 친구들과 그룹사운드 "태풍"을 만들었다. 집 앞에 기타 학원이 생겨 호기심에 몇 개월 다녔는데 그것이 인연이 되어 퍼스트 기타를 맡았다. 지하실을 임대하여 당시 유행하던 대학가요제 노래, 하드락 밴드의 노래를 카피해서 연주했다. 대학생 밴드와 같이 지하실을 사용하면서 대학생 선배로부터 기타를 배워 기타실력을 키웠다. 1982년에는 광주 남도 예술회관에서 태풍 콘서트를 열었다. 대학가요제 출신

그룹 '휘버스'의 '그대로 그렇게', 당시 최고의 그룹 중 하나인 'Deep Purple'의 'Highway Star' 등을 공연했다. 별 이름이 없는 밴드인데도 당시 그룹사운드의 인기가 치솟고 있던 탓에 2천 명 이상의 관객이 왔다.

나. 내신 14등급으로 힘들게 대학을 진학하다

학교 공부에 소홀하여 고등학교 내신이 15등급 중 14등급으로 결정되었다. 고등학교 3학년 때 학력고사에 응시했더니 340점 만점에 180점을 받았다. 최하위의 내신등급과 낮은 학력고사 점수로 인해 진학할 수 있는 4년제 대학은 없었다. 차라리 학교를 중퇴했으면 내신등급의 불이익이 없었을 텐데 당시 자식의 장래를 걱정하던 어머니의 당부에 따라 고등학교를 졸업하게 되면서 내신등급이 대학진학에 있어 커다란 장벽이 되었다.

문과생이었으나 학교 진학을 위해 2년제 전문대 토목과에 응시하였고 응시인원 미달로 합격하였다. 그러나 전문대 시절에도 그룹사운드 활동을 하면서 공부에는 관심이 없었다. 문과생이 이과 전공을 하다 보니 계속 다니기 어려워 국·영·수를 제외한 암기과목을 공부해서 4년제 대학인 목포대 경제학과에 입학하였다. 목포대 시절에도 그룹사운드 활동을 하면서 학업은 게을리하여 두 번 연속 학사경고를 받았다. 세 번의 학사경고를 받으면 퇴학 처리가 되므로 군대에 입대하였다.

다. 제대 후 현실을 직시하다

1987년 10월 강원도 고성에서 전방 포병 생활을 마치고 제대하였다. 진로를 모색하던 중 필자의 향후 인생 진로가 무척 궁금했다. 이런 부분의 관심을 해결해 줄 수 있는 것이 사주팔자다. 그래서 사주명리학 책을 구입하여 읽었다. 부모님이 평소에 말씀하시길 필자가 태어날 때쯤 사주를 잘 보는 사람에게 며칠 몇 시에 태어나는 것이 좋겠냐고 물었는데 필자가 그날 그 시에 태어났다고 했다. 만일 좋은 팔자를 타고났다면 잘되어야 하는데 현실은 그렇지 못하니 필자의 사주팔자가 더욱 궁금했다. 사주책을 독학으로 연구해서 보니 필자의 사주에 소위 관성이 있었다. 당시에는 고시 합격이 젊은 사람들의 최고 성공징표였는데 고시에 도전해도 될 것 같았다. 고시에 도전했다가 실패하고 소위 고시병에 걸린 사람들은 관록이 없기 때문이라는 말을 들을 적이 있었다. 그런데 필자의 사주에 관성이 있는 것을 확인하고는 근거 없는 자신감이 생겼다.

냉철하게 필자 자신을 돌아보니 음악에는 재능이 부족해 희망이 없었다. 또한 기타연주로 돈을 번다는 것은 쉬운 일이 아니었다. 늦었지만 공부를 하는 것이 최선책이라고 판단했다. 그간의 상황에 비추어 좋은 회사에 들어가기는 어려운 점을 감안하여 실력으로 당락을 결정하는 고시가 마음에 끌렸다. 고시 시험제도는 당시 부정부패가 상당했던 시절이지만 철저하게 공정성과 객관성이 보장되고 실력만으로 당락이 결정된다는 국가적 믿음이 있었다. 국가 유공 가점과 같은 가점 시스템도 7급 시험까지만 적용되고 고등고시에는 이런 실력 이외의 요인은 적용되지 않았다. 고등학교 때 공부하지 않아 학업 실력으로 보자면 9급 공무원 시험도 어려웠다. 공부하는 습관도 없었고 시험요령도 없었다.

공무원 시험이 어려울뿐더러 고등고시는 정말 공부를 잘하는 명문대 수재들도 소수만이 합격한다는 것을 알고 있었다. 소위 '하늘의 별 따기'였다. 또 주변에 수재라는 평가를 받고 열심히 고시 공부를 하고 있으나 시험에 계속 낙방하면서도 눈이 높아 다른 직장은 찾지도 못해 부모님을 애타게 하는 경우도 있었다. 자기 학업 실력에 맞는 시험을 택하여 도전해야지 무모한 도전은 고생의 지름길이라는 생각이 통념이었다.

"모르는 게 약이다"라는 말이 있다. 필자는 통상 인생에서 가장 공부를 열심히 해야 하는 대학입시를 위한 공부를 하지 않아서인지 공부가 어렵다는 생각조차 없었다. 공부를 열심히 했던 사람들의 경우 본인이 목표하는 만큼의 점수가 나오지 않아 원하는 학교에 진학하지는 못하는 경우가 많다. 자기보다 더 높은 점수가 나와 더 좋은 대학에 진학하는 사람에 대해서는 열등감을 느낀다. 공부가 어렵다는 안 좋은 선입관과 좌절감도 생긴다. 그러나 필자는 수험공부를 아예 하지 않아서 공부로 인한 좌절감도 없었다.

그리고 애초에 필자는 공부를 하지 않아 걱정의 대상이었는데, 갑자기 공부한다고 하니 고시를 준비하던 뭐든 간에 합격 가능성의 유무를 떠나 부모님이 좋아하셨다. 마치 탕자가 집에 돌아온 것 같은 느낌이었을 것이다. 그러나 기초 학업 실력도 없고 어느덧 나이도 20대 중반이 되어 공부를 시작한다는 것은 객관적으로 성공확률이 낮았다. 그럼에도 필자는 고시 합격이라는 꿈을 생각하니 기분이 좋았고, 부모님도 일단 좋은 일이라고 생각하고 적극적으로 지원해 주셨다.

한편 필자로서는 그동안 놀다가 공부를 열심히 하기 위해 스스로 명분이 필요했다. 공부하는 습관이 형성되어 있지 않고 단순 암기를 지겨워하는 성격상 학업 목표가 낮으면 공부를 열심히 하지 않을 것으로 생각했다. 어차피 공부를 시작하기로 했다면 남들이 최고로 인정해 주는 고등고시 합격이 매력적이었다. 10대 때에는 사춘기를 지나면서 락스타와 같은 연예인이 되고 싶은 성향이 있는데, 이를 추구하여 기타를 배우고 공연도 했다. 20대 중반이 되니 남들이 부러워하는 직장이나 자격이 필요했다. 그러나 10대 시절에 하고 싶은 화려한 락스타를 꿈꾸며 공부하지 않았던 과거가 20대에 들어서는 최악의 벼랑 끝 상황으로 작용했다.

공부하기 위해 책상에 오랫동안 앉아 있는 것 자체가 힘든데 목표가 강력해야 이를 극복할 수 있었다. 우선 제대 후 8개월 후인 1988년 6월에 실시되는 행정고시 1차 합격을 목표로 세웠다. 주변에 고시에 합격한 선배나

아는 사람도 없고 행정고시에 관한 정보 자체가 없어 고시 합격기를 모아 놓은 『다시 태어나도 이 길을』이라는 책을 사보았다. 경제학과에 적합한 고등고시는 행정고시 재경직이었다. 합격 스토리를 읽어 보니 감동 인간승리의 모습이 있었다. 잠을 4~6시간만 자고 공부에 몰입하고 떨어지면 오뚝이처럼 일어난 실제 사례를 알게 되니 비장한 마음이 생겼다. 행정고등고시 재경직 1차 합격을 목표로 정하고 하루 14시간 이상 공부한다는 세부 목표도 수립했다. 하루 공부 목표를 달성하면 수면을 취하는 방식으로 하루하루 세부 목표를 달성하였다. 필자의 일생 중 가장 열심히 집중해서 공부하던 시절이었다.

라. 운명처럼 고시 1차에 합격하다

고시 1차 준비과정에서 가장 문제가 되었던 것은 기초실력이 약한 영어였다. 문법 기초실력이 전혀 없었는데 마침 혼자서도 영어를 쉽게 독학할 수 있도록 설명이 자세히 기술된 『맨투맨』 책이 출간되었다. 이 책을 꼼꼼히 읽고 영어 구문과 관련된 문법을 중점 공부했다. 단어는 시간 부족으로 많이 암기하기 어려웠다. 다행인 점은 고시 영어시험은 시험 난도가 높아 단어를 많이 암기해도 정확한 뉘앙스를 모르면 정답을 맞히기 어려웠다. 그래서 정확한 구문 파악을 통해 출제자가 의도한 함정에 빠지지 않는 데에 초점을 두고 공부했다. 어려운 시험이므로 기본문제를 맞히는 데에 초점을 두고 어려운 문제는 상황판단에 맡기기로 하였다. 영어 외에도 경제학, 헌법, 민법, 국사 등의 과목이 있었는데 큰 어려움이 없었다. 경제학의 경우 수학에 적성이 없는 사람들은 그래프나 미분과 같은 수학적 요소가 있어 이해에 어려움이 있다. 필자의 경우 수학지식이 거의 맹탕이어서 생소했다. 그런데 수학책과 달리 현실경제를 설명하기 위한 도구로 그래프나 미분을 적용하고 있어 이해가 쉽게 되고 오히려 수학적인 간결한 설명이 더 좋았다.

당시 행정고시 재경직 최종 합격 인원이 20명이었는데, 1차에는 100여 명이 합격하는 구조였다. 주위의 아는 사람들과 대화하다 보면 고시에 도전한다는 필자에 대해 대놓고 말은 못 하지만 너무 목표가 허황한 것 아니냐는 느낌을 풍겼다. 대학 도서관에서 고시 공부를 했는데 명문대 졸업생들 몇 명도 고시 일정에 맞추어 공부하고 있었다. 공부하는 책을 보면 고시 준비를 한다는 것을 알 수 있었고 자연스럽게 서로 알게 되었다. 공부하던 중 어느덧 시험 날짜가 다가왔고 무난하게 시험을 치렀다.

처음 응시하는 시험이지만 혹시나 하는 마음으로 합격자 발표날을 기다렸다. 합격자 발표날이 되어 합격자 명단을 보게 되었는데, 1차 시험 합격자 명단에 필자의 이름이 있었다. 정말 믿기지 않아 보고 또 보고 계속해서 확인하였다. 점수를 확인해 보니 그 당시 합격 커트라인 점수가 86점이었는데 딱 86점으로 합격하였다. 같은 도서관에서 고시 공부를 하던 명문대 졸업생들은 다 떨어지고 처음 공부를 시작한 필자는 합격하는 묘한 상황이 연출되었다. 어찌 되었건 필자에게는 기적 같은 일이었다. 첫 시도에 그 어렵다는 고시 1차 관문을 통과하게 되었으니 자신감이 충만하고 무척 기뻤다. 주변 사람들도 충격을 받았다.

"공부를 하지 않아서 그랬지 원래 머리가 좋은 애야", "1차 시험은 합격하고 2차 시험에 계속 낙방하는 사람도 많아" 등의 다양한 평가가 들려왔다. 고시 1차 합격은 인생의 목표를 완전히 고시 합격으로 전환하게 만들었고 이렇게 쉽게 1차 합격이 되는 것을 보면 고시 합격 필자가 맞을 것이라는 확신을 하게 되었다.

마. 고시 2차에서 처절함을 맛보다

재학 중 고시 1차에 합격하자 당당한 고시준비생이 되었다. 2차 시험은 국민윤리, 행정법, 행정학, 경제학, 통계학, 재정학, 화폐금융론 등 7개 과목을 하루에 2과목씩 4일에 걸쳐 보았다. 오전과 오후 2시간, 하루 4시간씩 시험을 보게 되는데, "○○을 논하라"라는 식의 주관식 2~3문제에 대한 답을 10페이지 정도의 답안지에 기술해야 했다. 대자보에 사용될 정도의 큰 종이에 문제를 적어 칠판에 펼쳤는데 문제지가 펼쳐지는 순간 '아', '어' 등 탄식이 흘러나오기도 했다. 시험이 치러지는 학교 고사장 정문에는 촛불을 켜거나 엿을 붙여 놓고 시험이 끝날 때까지 기도하는 어머니들도 있었다. 사회적 명예와 직위를 합법적으로 차지하기 위한 치열한 경쟁의 순간임을 느낄 수 있었다. 대학교 차원에서도 자기 학교 출신의 합격자를 많이 배출하기 위해 고시 1차 합격자에게는 장학금 명목으로 약간의 생활비도 지원해 주고 고시 특강을 여는 등 경쟁이 치열하였다.

특히 고시 2차 문제의 경우 자기 학교 출신의 응시자에게 유리하도록 학교에서 논의된 쟁점 등을 시험문제로 낸다는 소문도 들렸다. 또한 주관식 시험은 문제 해석부터 답안 작성까지 주관적 요소가 미치므로 다소간 운이 작용하고 합격예측이 어렵다. 1차는 객관식이므로 어느 정도 안정적인 점수가 나올 수 있으나 2차는 그렇지 않았다. 그리고 1차 시험에 합격하면 당해 및 다음 연도까지 2차 시험을 볼 수 있었다.

대학교 3학년 때 2차 시험에 본격 응시했는데 첫날 시험인 국민윤리 점수가 40점 과락 수준인 41점이 나와 다른 과목의 선전에도 불구하고 불합격하였다. 4학년 때 다시 1차 시험에 응시하여 합격하였으나 졸업 후 2차 시험에서 떨어졌다. 답변이 비교적 명확한 경제학 관련 과목은 점수가 괜찮았는데, 이와 반면에 다소 두리뭉실한 행정학과 국민윤리 과목의 점수가 잘 나오지 않아서였다. 그러던 중 화장실에서 신문을 보다가 우연히 연세대 3학년 편입시험 공고를 보았다. 당시에는 편입시험이 있는지도 몰랐는데 이런 제도가 있다는 것을 알고 즉시 응시했다. 졸업 시 전공하지 않은 학과에 응시할 수 있었는데, 필자는 경제학과를 졸업했으므로 행정학과에 응시할 수 있었다. 고시 공부를 통해 실력을 배양한 덕에 편입시험에 무난하게 합격할 수 있었다.

연세대 행정학과에 다니면서 고시 공부를 계속했다. 당시 연세대는 행정학과를 중심으로 일반행정 분야는 고시 합격생이 10명 이상 배출됐다. 그런데 고시 재경직은 당시 2명 내외의 소수만이 합격해서 학교 차원에서 재경직 고시 합격을 위한 오리엔테이션을 개최하기도 했다. 고시 재경직을 준비하면서 고시생들이 많이 진학하는 서울대 행정대학원 입학시험을 준비했다.

당시 행정고시 준비생들은 서울대 행정대학원 진학을 하나의 성공코스로 생각했다. 학교 공부 과목과 고시 과목이 겹치고 졸업생은 6급 특채할 수 있었다. 또한 고시 합격도 많이 하고 석사 학위도 받을 수 있었다. 서울대 행정대학원 시험에 응시했는데 10:1 정도의 경쟁이 있었다. 다행히 합격했고 시험점수가 좋아 장학금 수혜자로도 선정됐다. 이후 연세대를 졸업할 것인가를 고민했고, 고민 끝에 고시 합격을 위해 연세대를 중퇴하고 서울대 행정대학원에 입학했다.

바. 최종 합격으로 다른 사람에게 용기를 주다

서울대 행정대학원을 다니면서 다소 의외였던 것은 그렇게 죽기 살기로 공부를 열심히 하지 않은 것 같은데, 입학생의 절반 이상이 고시에 합격한다는 점이었다. 대학원 합격자들은 고시 공부가 어느 정도 수준에 올라와 서였을 수도 있고, 약간은 여유로운 마음이 2차 시험성적을 더 잘 나오게 했을 수도 있었을 것이다. 필자는 대학원 1학년 때 고시 2차 시험을 보았는데 아깝게 떨어졌다. 행정대학원생 동료들이 많이 합격했는데 공부를 열심히 한 사람은 떨어지고 조금 덜 공부한다고 생각했던 원생들은 합격했다는 느낌이 들었다. "운칠기삼"이라더니 맞는 말이었다. 1994년 갑술년 대학원 2년 차에 다시 1차 시험을 보아야 했다. 이제 고시 베테랑이 되었으므로 1, 2차 합격을 동시에 노렸다. 다행히 1차 시험에 합격했고, 2차 시험을 치렀는데 큰 실수는 없었다고 느꼈다. 합격자 발표날이 되었다. 조마조마한 마음으로 합격자 명단을 확인했는데 필자의 이름이 보였다. 너무 기뻐서 어머니에게 전화했다.

"어머니, 너무 놀라지 마시고 우황청심환 있으시면 먼저 드시고 들으세요."

"그래 말해봐라."

"저 합격했어요!"

세상에 태어나서 최고로 기뻤던 순간이다. 아버지는 30년 묵은 것이 쑥 내려가는 느낌이라고 하면서 '효자'라고 했다. 친인척이나 주변 사람들도 많이 놀랐다. 공부를 잘하는 모범생이고 명문대를 다녀도 고시 합격하는 사람을 보기 드문데 전혀 다른 행로를 걸어온 필자가 합격하니 "망치로 머리를 맞은 기분이다", "기어이 뚫어 버리는구나"라며 자기가 다 시원하다고 말하는 분도 있었다. 필자의 합격에 자극받은 명문대 출신의 사촌 동생은 법원 고시에 도전하였고 결국 합격하였다.

이후 "긴 어둠의 터널은 한 송이 꽃이 되어 돌아오고"라는 제목의 합격기를 써서 고시 전문 잡지인 '고시계'에 기고하였다. 고등학교 시절 공부를 제대로 하지 않아 내신 14등급인데도 고시에 도전하여 합격한 독특한 스토리가 알려지게 되었다. 한선교와 허수경이 진행했던 MBC '아침마당'에 출연하기도 했다. 필자의 고모 아들이 다니던 학교에서는 교장 선생님이 필자의 사례를 들어 공부 못하는 학생들을 독려하기도 했다. 하나뿐인 아들이 공부하지 않아 고민이 많던 어떤 학부모님은 필자의 사례를 보고 용기가 생겼다며 찾아왔다. 필자의 사례를 들어 아들을 설득하여 공부시켰고 대학원은 명문대로 진학시켰다며 다음 행로에 대해 조언을 구하기도 했다.

2. 극적 반전의 고시 합격과정을 통해 알게 된 것들

가. 벼랑 끝 상황은 '최고'의 성공과 친구다

성웅 '이순신 장군' 하면 떠오르는 것은 12척의 배로 대규모 왜군을 물리친 명량해전이다. 우리나라가 낳은 불세출의 축구선수 '차범근' 하면 말레이시아와의 축구 경기에서 6분여 만에 세 골을 몰아친 일이다. 골프선수 '박세리' 하면 US오픈 골프대회 파이널라운드에서 연출한 연못 해저드 굿샷이다. 벼랑 끝 상황을 극복한 순간이 인생 최고의 순간으로 평가받는다. 벼랑 끝 어려운 상황을 극복하면 그 사건 자체가 그 사람의 브랜드가 된다. 최악의 상황에서 이를 극복할 확률이 떨어질수록 성공은 더욱더 극적이다. 세계 2차대전을 승리로 이끈 영국의 총리 '윈스턴 처칠'은 비관주의자는 기회 속에서도 어려움을 보고, 낙관주의자는 어려움 속에서도 기회를 본다고 했다. 어려움 속에 기회가 깃들므로 낙심할 필요가 전혀 없다.

필자가 제대 후에 느낀 감정은 '학철부어(涸轍鮒魚)' 상황에 부닥쳤다는 것이다. '학철부어'는 수레바퀴 자국에 괸 물속의 붕어라는 뜻이다. 매우 위급한 경우에 처했거나 몹시 고단하고 옹색함의 비유이다. 춘추 전국 시대, 무위자연(無爲自然)을 주장했던 장자(莊子)가 배가 고파 죽을 지경이어서 지인에게 돈을 빌려달라고 했다. 그러나 그 지인은 2~3일 후 돈이 들어오면 빌려주겠다고 했다. 이에 장자는 학철부어라는 말을 사용하여 배가 고파 죽어가는 사람에게 나중이 어디 있으며, 목이 타서 죽어가는 붕어에게 며칠만 기다리라는 것은 말도 되지 않는다고 했다고 한다. 필자도 제대 후 본인의 처지가 학철부어의 처지라는 것을 빨리 인식했다. 공부의 세계를 축구 경기로 비유하자면 브라질을 만나 전반에 5:0으로 지고 있는 상황이었다. 그렇지만 난관을 돌파하고 고시에 합격하면 통쾌할 것 같았다.

결국 이순신 장군 하면 '12척', 차범근 선수 하면 '말레이시아전 세 골', 박세리 선수 하면 '연못 해저드 샷' 하듯이 전본희 하면 '내신 14등급 고시 합격'이라는 개인 브랜드가 만들어졌다. '최고'라는 단어가 개인에 따라 상대적일 수 있으나 달성이 어려운 상황에서의 최선의 결과가 만들어지면 '최고'가 된다. 이러한 최고의 칭호를 얻으면 남다른 '클래스'로 인정받는다. 필자의 스토리를 다른 사람에게 이야기하면 다들 놀란다. 항상 달성하기 어려운 일도 해낼 것 같은 잠재력을 인정받는다.

어차피 인생은 연극이고 삶은 소설이다. 우리 개개인은 주인공이다. 사람들은 극적인 반전에 성공한 사람에게 매력을 느낀다. 그래서 스토리 구성은 '기승전결(起承轉結)'이다. 그중에서도 반전을 의미하는 '전'이 어떻게 전개되는지가 스토리의 품질을 좌우한다. 처한 상황이 어려울수록 이를 극복하는 반전은 최고의 드라마 소재다. 드라마의 주인공이 된다면 이 같은 극적 반전 드라마의 주인공이 되고 싶지 않겠는가? 벼랑 끝 상황이 오면 드라마 각본이 시작된 것으로 보면 된다.

나. 벼랑 끝 상황이더라도 최고의 목표에 도전하자

인생은 흥망성쇠의 기복이 있다. 최악의 벼랑 끝 상황이 되면 위축, 불안, 자신감 결여로 인해 자기 자신을 왜소화시킬 수 있다. 따라서 이러한 부정적 상황을 묻고 잠재울 수 있는 큰 대의적 목표 수립이 필요하다. 최악의 상황을 지렛대 삼아 스프링처럼 튀어 오르려는 전략이다. 그리고 "빠른 실패가 가장 저렴한 실패다"라는 말이 있다. 인생 초년의 실패는 실패가 아니라 오히려 투자다. 실패로 인한 손해 발생보다 실패 경험을 통해 인생의 행로를 더 잘 설정하는 경우 오히려 대성공을 거둘 수 있기 때문이다.

다른 한편으로 최고의 목표는 다른 것을 희생시킬 만한 대의명분을 제공하고 나쁜 습관도 쉽게 고치도록 한다. 최악의 벼랑 끝 상황에서 통상 사람들은 희망을 품는 정도의 목표만 갖기 쉽다. 그러나 필자의 생각으로는 최악의 벼랑 끝 상황에 부닥쳐 있을수록 최고의 목표를 설정해야 한다고 생각한다. 아무것도 없는 최악의 상황에서 꿈마저 크지 않다면 무슨 열정이 생기겠는가? 최고를 꿈꾼다고 세금을 더 내는 것은 아니다. 밑져야 본전이다. 그러나 극적으로 목표가 달성되면 자기만의 지적재산권이 생기고 자기 자신이 브랜드가 된다. 세상살이에 있어서도 다른 사람이 설정한 규정의 추종자가 아니라 자기가 새롭게 규정을 설정하는 규정 설정자가 된다.

목표 달성 수단의 관점에서 보면 최악의 상황에서 최고의 목표를 설정하는 경우 통상적으로 생각할 수 있는 타개 방법은 별로 없을 것이다. 타개 방법을 찾으려면 기존에 가지고 있는 자기의 생각을 넘어서는 상자 밖의 생각을 해야 한다. 상자 밖 생각을 하려는 방법으로 코칭에서 사용하는 관점 전환 질문을 사용할 수 있다. "요술 방망이가 있어 무엇이든 할 수 있다면 어떤 방법이 가능한가요?", "지금보다 10배 용감하다면 무엇을 해볼 수 있을까요?"와 같은 질문이다. 이러한 질문을 받게 되면 불가능하다고 생각하던 방법도 생각해 보게 되고 하기 싫어 의도적으로 제외했던 방법도 가능한 방법으로 끄집어낼 수 있다. 그 결과 의식이 확장되고 관점의 변화가 생기면 성장이 이루어진다.

관점을 바꾸어 보면 우리의 두뇌는 생각하는 기계다. 그래서 무엇인가 강력하게 집중해서 해결해야 할 도전적인 주제나 문제를 주지 않는 경우 자기에게 실익이 없는 문제에 대해서도 심각하게 고민하는 폐해가 있다. 예를 들어, 자기에게 주어진 어려운 문제를 기어이 해결하겠다는 마음으로 정신을 여기에 집중하면 세상의 다른 모든 걱정거리가 관심의 대상에서 사라진다. 큰 문제를 걱정하다 보면 다른 작은 걱정거리들은 걱정 대상조차 되지 않는다. 반대로 해결해야 할 도전적인 문제가 없는 경우 마음 편하고 걱정 없이 행복할 것 같아도 우리의 두뇌는 걱정거리를 찾아내어 자기하고 별 관련도 없고 실익도 없는 문제까지 시시콜콜 걱정한다. 두뇌는 본능적으로 생각할 문제를 만들고 생각이 생각을 낳아 불안감과 걱정을 양산한다. 하지만 도전하기 어려운 목표를 설정하면 잡다한 걱정거리를 없애 주고, 그 결과 정신까지 건강하게 만든다는 효과도 발생한다.

다. 자기 확신은 성공의 열쇠다

자기 확신 없이는 성공을 이룰 수 없다. 힘들거나 실패하더라도 자신의 재능과 성공을 의심해서는 안 된다. 필자는 고시 1차 합격이 극적이어서 고시 최종 합격을 확신했다. 고시 2차 시험에 여러 번 떨어졌지만 다른 시험을 준비하거나 걱정하지 않았다. 오히려 합격의 때를 기다리고 있었다.

자기 확신을 위해서는 자기를 소중하게 생각하고 사랑해야 한다. 부처님의 말씀에 따르면 자기만큼 사랑스러운 것은 없다. 따라서 자기 자신을 사랑한다면 자신을 악과 인연 짓지 말라고 한다. 또한 사람은 자기 외에는 다른 의지처가 없으므로 자기의 좋은 점을 만들라고도 한다. 자기의 좋은 점을 만들고 이를 바탕으로 자기를 사랑하고 믿는 자기 확신이 넘치면 매사에 반드시 성공하리라 생각한다.

한편, 불안감이 생기고 자기 확인이 없어지면 성공의 행운은 찾아오지 않는다. 바람과 기도가 달성될 수 있는 조건을 생각해 보자. 생각대로 이루어지는 가상의 세상이 있다고 가정하자. 맛있는 음식을 생각하면 음식이 나오고 좋은 집을 생각하면 집이 생길 것이다. 그런데 갑자기 불안한 마음이 들어 도둑을 생각하면 도둑이 들 것이고 사고가 발생할 것 같다고 생각하면 사고가 생길 것이다. 생각대로 이루어지는 세상이라고 하더라도 자기 확신 없이 불안해지면 좋지 않은 일이 발생한다. 그런데 생각대로 이루어지지 않는 현실의 세상에서 오늘은 간절히 원하다가 다음 날 불안하여 의심하고 다른 방안을 꿈꾼다면 바람의 메시지가 혼란하여 집중력이 떨어지고 성공하기도 어려워진다.

이와 관련하여 월렌다 효과(Wallenda effect)가 있다. 미국의 유명한 고공 외줄 묘기 공연가인 칼 웰렌다(Karl Wallenda)는 역사상 최고의 공중곡예사 였다. 그는 작별공연 도중 한 번도 실수한 적이 없는 낮은 난도의 동작 중 떨어져 사망했다. 그의 아내에 따르면 그는 작별공연에 성공하고 싶었고, 실패할까 봐 노심초사했다는 것이다. 최고의 달인도 불안감이 생기면 아무 것도 이룰 수 없다.

자기 자신에 대해 확신을 하기 위해 자기 적성이나 성향을 검사하거나 강점을 진단하는 것도 하나의 방법이다. 이러한 검사나 진단의 결과가 자 신이 추구하는 목표 달성에 필요한 재능이 있는 것으로 나온다면 자기 확 신의 근거가 생기기 때문이다.

라. 좋은 방향으로 조금이라도 움직이는 결과를 내자

"천 리 길도 한 걸음부터"라는 격언에서 보듯이 작은 성공이 모이면 큰 성공을 이룰 수 있다. 최종 목표에 도달하기 전에 작은 성공을 느낄 수 있 도록 시간별 세부 목표를 잘 설정해야 한다. 벼랑 끝 상황에서 불가능하게 보이는 목표가 있더라도 이를 분해해서 노력하면 달성할 수 있는 작은 목 표를 세운다. 그리고 이러한 단기목표에 집중해서 목표를 달성해 나가면 작은 성공의 경험이 자신감을 충만하게 하고 최종 목표 달성에 성공할 확 률을 높이게 된다.

필자의 경우 고시 공부를 시작하면서 일단 1차 합격을 목표로 삼았다. 고시 최종 합격은 장거리 마라톤으로 생각했다. 그런데 도달이 어려울 것 으로 보였던 고시 합격이 1차 시험합격 후에는 목표가 손에 잡힐 듯이 상 황이 급변했다. 그 후 2차 시험에 계속 실패했지만, 공부 시간을 많이 확보 하기 위해 혼자 고시원에서 공부하지 않고 다소 학교 수업에 시간을 빼앗 기더라도 연세대 편입, 서울대 행정대학원 진학 등을 통해 계속 성장하는 모습을 보였다.

이와 반면에 학교 진학은 소홀히 하고 고시 공부에만 매달렸다면 정보획득도 부족하고 자신감의 유지도 어려웠을 것이다. 그러나 고시 공부를 통해 얻은 실력으로 좀 더 합격확률이 높은 학업 기회를 얻어 냈다. 필자를 뒷바라지했던 부모님도 좋은 학교와 상급 학교에 진학하니 비록 2차 시험에 떨어지더라도 큰 걱정을 하지 않았다. 최종 목표 달성은 이루지 못했어도 성공 가능성이 큰 쪽으로 다가감으로써 필자는 물론이고 부모님도 불안감을 느끼거나 초조하지 않을 수 있었다.

마. 도전 초기에 스프링처럼 튀어 올라라

목표 도전 초기에 로켓이 점화하는 것처럼 불타는 신념과 열정을 보여야 한다. 계절을 보더라도 엄동설한이 지나고 봄이 시작되면 온갖 초목이 스프링처럼 솟구쳐 일어난다. 봄이라는 단어 자체가 'spring'이다. 필자도 고시 1차 시험을 처음 준비할 때 하루 14시간씩 공부한 후에야 수면을 취했다. 그리고 몇 개월을 그렇게 공부했더니 공부하는 습관이 만들어졌다. 공부를 열심히 했다는 기준이 공부를 잘하는 사람과 못하는 사람 간에 정반대인 것도 알게 되었다. 공부를 못하는 사람은 남들에게 열심히 공부한다고 말하고 공부를 잘하는 사람은 공부를 별로 하지 못했다고 말한다. 하루 4시간 정도를 공부했다고 하면 공부를 못하는 사람은 평소와 달리 4시간이나 공부했다고 만족하는 반면, 공부를 잘하는 사람은 더 많은 시간을 공부할 수 있는데도 4시간밖에 공부하지 못했다고 자기 자신에 대해 질책하는 경향이 있기 때문이다. 공부할 때는 자기 자신에 대해 엄격한 기준을 만들어 적용해야 긴장감도 생기고 나태함도 극복할 수 있다.

한편 영국 심리학자 제인 워들(Jane Wardle) 연구팀에 따르면 평균 66일 동안 같은 행동을 반복하면 생각, 의무감이 아니라 자동반사적으로 행동이

나온다고 한다. 목표가 신선하고 열정이 가득 차오른 도전 초기 3개월 정도를 엄격한 기준에 따라 행동한다면 좋은 습관이 몸에 체득된다는 의미다. 필자의 경험에 비추어 보면 맞는 말이고 알아두면 좋을 행동 변화의 원리라고 생각된다.

케이시 데니밀러(Kathie Dannemiller)가 만든 변화의 공식의 공식도 행동의 변화를 추구할 때 도움이 된다.

$$C = D \times V \times F > R$$

변화(C)가 발생하기 위해서는 현재 상태에 대한 불만족(D), 미래에 대한 비전(V) 그리고 목표를 달성하기 위한 첫 번째의 구체적인 스텝들의 곱이 변화에 대한 저항의 양(R)보다 커야 한다는 것이다.

자전거를 배우는 경우를 비유로 생각해 볼 수도 있다. 자전거를 배울 때 겁이 나서 조심스럽게 페달을 밟으면서 살살 나아가는 것이 안전할 것 같지만 천천히 가는 자전거는 방향 유지가 어렵고 넘어지고 다치기 쉽다. 오히려 힘차게 페달을 밟아야 속도가 빨리 붙고 관성의 작용으로 자전거가 자동으로 방향을 유지하고 넘어지지도 않는다. 사람의 습관을 바꾸기 위해서는 도전 초기 순수 열정이 생겼을 때 과감하게 전력투구해야 한다.

바. 악기를 다루면 남다른 재능이 생긴다

필자가 기타를 배우게 된 것은 당시 유행이던 기타연주를 멋지게 하고 싶었는데 우연히 집 근처에 기타 학원이 생겼기 때문이다. 꿈 많던 10대 시절 어두웠던 시대환경과 더불어 답답한 암기식 공부가 싫어 그룹사운드를 만들어 기타를 연주했다. 악기를 연주하는 것은 좋은 취미이다. 그래서 사람들은 좋은 취미생활을 위해 악기를 하나쯤은 다루어야 한다고 말하기도 한다.

　그런데 필자가 뒤늦은 공부 시작 경험을 통해 반추해 보면 기타와 같은 예민한 현악기를 연주한다는 것은 지능개발에 무척 도움이 된다는 사실이다. 우선 왼손과 오른손이 따로 놀아야 하고 손가락이 자유자재로 움직여야 한다. 음이 정확해야 하고 박자도 맞출 줄 알아야 한다. 그룹으로 합주할 정도가 되기 위해서는 모든 연주를 암기하고 긴장된 상황에서도 무의식적으로 연주가 되도록 무한 반복연습을 해야 한다. 그룹사운드 기타연주 악보를 보면 정말 복잡한 음표가 얽혀있다. 이렇게 어려운 연주를 한다는 것은 사람의 지능개발에 큰 도움이 되고 지루한 반복연습 습관도 길러준다. 멋진 연주를 성공적으로 완수하여 자기 존재감을 보여주는 빛나는 별이 되고 싶다는 욕망으로 이러한 어려움을 극복하는 것이다.

　손가락 끝마디에 대한 자극도 대단하다. 수지침도 놓는다는데 연습할 때마다 수지침을 놓는 효과를 얻는다. 손끝의 자극은 감각을 키우고 두뇌에도 영향을 준다고 본다. 어렸을 때 기타와 유사한 바이올린이나 양손을 자유자재로 써야 하는 피아노와 같은 악기를 배우면 지능발달에 무척 도움이 될 것이다. 양손을 각각 쓰므로 좌뇌, 우뇌 모두를 발달시킨다고 본다. 필자의 경험에 비추면 악기를 잘 다루는 사람은 공부를 늦게 시작해도 성공할 수 있고 골프와 같은 감각이 중요한 운동도 잘할 수 있다고 생각한다. 어렸을 때 부모님이 자녀에게 악기를 배우도록 하는 것은 사람의 잠재적 성장에 큰 도움을 준다.

3. 음양오행과 명리학에 대한 필자의 견해

가. 주역의 음양 사상과 명리학

필자의 경우 불확실성이 높은 고시 공부를 시작하는 과정에서 사주팔자에 관심을 가졌다. 그 후 틈틈이 관찰하였더니 필자의 경우 사주팔자가 전반적으로 신뢰할 만했고 주변 친인척들도 그 성향이 사주팔자에 나타난 것과 관련성이 높았다. 사주팔자를 연구하는 명리학은 점술이 아니라 규칙성에 근거한 60갑자 순환 원리를 이용하여 연월일시 4개의 기둥에 각각 2자씩(천간과 지지), 총 8개의 간지를 세우고 그 사람을 특질과 운의 행로를 읽는다. 자연의 변화 현상은 크게 수축과 확산 운동, 즉 음과 양의 관점에서 파악할 수 있는데 음양의 정도를 5단계로 분류한 것이 목화토금수(木火土金水) 5행이다.

유교 경전인 '대학'에 따르면 "격물치지(格物致知) 성의정심(誠意正心) 수신제가(修身齊家) 치국평천하(治國平天下)"라고 한다. "사물을 탐구해서 알게 되고, 알게 되면 의지가 성실하게 되고, 이를 통해 마음이 올바르게 된다. 마음이 올바르게 된 후 몸이 닦여지고 그 후 집이 반듯해진다. 집안이 다스려진 뒤 나라가 다스려지고 그 후에 세상이 태평해진다"라는 뜻이다. 그러나 모든 사람이 수신제가 치국평천하가 되는 것은 아니다. 그 이전에 격물치지가 있어야 하기 때문이다. 격물치지의 구체적 방법은 주역에 있다. 유교의 기본 경전인 사서삼경의 하나인 역경(易經)은 주역(周易)이다. 주역은 음양의 원리로 천지의 만물이 변하는 원리를 설명한다. 현대 컴퓨터의 원리가 된 라이프니츠의 이진법도 주역 팔괘와 음양이론에서 나왔다.

주역의 원리인 '음과 양'을 조금 더 구체화한 것이 '음양오행'이고 음양오행의 원리는 우리 생활 깊숙이 자리를 잡고 있다. 인간사회의 규범 확립을 위해 합리성을 추구하던 유교를 국교로 삼았던 조선시대에도 이 음양오행의 원칙에 따라 작명과 복색을 정하고 질서를 만들었다.

예를 들어, 서울에는 사대문이 있다. 남대문은 숭례문, 북대문은 홍지문, 서대문은 돈의문, 동대문은 홍인지문이다. 인의예지신을 오행과 연결하면 남-예(붉은색), 북-지(흑색), 서-의(흰색), 동-인(청색), 중앙-신(황색) 이다. 그런데 이상한 점은 홍인지문이다. 다른 문과 달리 '갈지(之)'자가 들어 있다. 조선의 정궁인 경복궁을 중심으로 보면 우측에는 인왕산이 있고 좌측에는 낙산이 있다. 그런데 인왕산에 비해 낙산은 그 세가 심히 약하다. '좌청룡 우백호'라는 표현에서 보듯이 좌가 우에 비해 우선해야 하는데, 좌의 산세가 미약하니 왕위계승에 있어 장자의 지위가 위태롭다. 이 때문에 정궁을 다른 장소로 옮겨야 한다는 논쟁이 있었으나 경복궁만큼의 자리가 나오지 않았다. 할 수 없이 장소를 그대로 정하되 낙산이 있는 동대문의 명칭에 크고 길다는 의미로 '갈지' 자를 추가하였다. 그리고 경복궁을 중심으로 보면 남쪽의 관악산이 너무 크고 세가 강하므로 강한 '火(방향 남)'기에 의한 화재의 위험을 염려하여 '해태'상을 세웠다. 세자가 거주하는 곳은 '동궁'으로 봄에 해당하는 동쪽에 배치했다. 복색에서도 임금의 색은 중앙을 의미하는 황색이다.

주역의 음양 사상을 오행으로 구분하여 사람의 실생활에 적용한 것이 명리학이다. 동서양에는 다양한 사상과 철학이 융성·발전하였으나 명리학과 같이 진로, 사업, 직장 선택 등 실제 생활에 그대로 적용되어 도움을 주는 사상체계는 별로 없다고 본다. 그리고 명리학은 과거를 해석하고 미래를 예측하는 데 사용되고 그 실력은 시장을 통해 바로 검증된다. 따라서 부단히 경험이 축적되고 연구됐다. 명리학 연구 결과를 활용하는 지혜가 필요한 이유이다.

나. 때를 기다리는 지혜

주역 괘상에 따르면 해가 중천에 떠 있어 양(陽)의 기운이 최상으로 펼치진 정오에 음(陰)이 발생한다. 그리고 가장 어두운 시간인 밤 12시경 자(子)시에 양(陽)이 발생한다. 최고의 순간에 내리막길이 시작되고 최악의 순간에 희망의 새로운 싹이 돋아난다. 놀라운 지혜다. 이러한 변화의 원리를 감지하면 최악의 상황이 닥쳐도 절망하지 않고 차분하게 자기의 때를 기다릴 수 있다.

좋은 목표를 세웠다고 하더라도 자기가 의도한 대로 쉽게 이루어지지 않는다. 목표는 여건이 무르익고 적절한 기회가 생길 때 절묘하게 이루어진다. 필자가 고시에 합격하거나 사전컨설팅 감사제도를 성공시키는 과정을 보더라도 모든 것이 때가 되고 주변환경과 조화를 이루었을 때 이루어졌다. 불비불명(不飛不鳴)이라는 말이 있다. 새가 날지도 않고 울지도 않는다는 의미다. 큰일을 하기 위해서는 조용히 때를 기다린다는 말이다.

이처럼 때를 기다리는 것은 중요하다. 이제 막 어둠이 시작되었는데 동이 트기를 기다리며 조바심을 내는 것은 낭비적인 삶이 된다. 차분하게 서두르지 않고 기다리다 보면 어느새 동이 틀 것이다. 우리는 좌표축이 3개 있는 3차원의 세계에 살고 있다. 가로, 세로 그리고 높이가 그것이다. 이러한 3차원의 세계에서는 우리가 어느 좌표를 자유의지로 선택할 수 있으나 시간(때)은 통제할 수 없다. 시간을 통제할 수 있어 어느 시점이든지 임의로 갈 수 있는 4차원의 세계라면 타임머신이 가능할 것이다. 하지만 시간은 우리가 통제할 수 없으므로 그 규칙성과 반복성을 알아차리고 때를 기다리는 지혜가 필요하다. 난무하는 각종 성공의 법칙이나 리더십 원칙도 '때'라고 하는 중요변수를 고려하지 않으면 그 효과가 제대로 발휘되지 않는다. 침착하고 조바심만 내지 않아도 중간은 간다는 것이 필자의 생각이다.

한편 필자의 경우 고시 공부를 처음 시작할 때 독학으로 사주 명리 책을 읽고 그저 막연하게 '관록'이 있으므로 합격할 수 있다는 자신감을 가졌다. 명리학이 고시 합격에 필요한 자신감을 주는 수단이 되었다. 이러한 인연으로 고시 합격 후 사주 명리에 관심을 가지고 틈틈이 연구했는데 사람의 기질은 대체로 맞았다. 그때그때의 운세 판단은 어려운데 필자 개인의 경우를 보자면 큰 대운의 흐름의 관점에서 보면 상당히 정확했다. 필자의 경우 대운의 흐름을 알고 있어 50세가 되자 직장이나 거주의 변동을 예상했는데 경기도 감사관 응시 제안이 있어 흔쾌히 받아들였다. 당시 경기도 감사관 응시를 제안하던 분도 사주 공부를 하던 분이었다. 그런데 필자가 이런 일이 있을 줄 알았다는 듯이 흔쾌히 받아들이니 상당히 놀랐다고 한다. 그리고 이러한 이동 운세에 적극적으로 순응하니 경기도 감사관 시절 획기적인 우리나라 감사제도의 변화를 이끄는 성과가 발생했다는 생각이 든다.

다. 사주 명리의 유효성과 한계

태어나는 아이의 관점에서 생각을 해보자. 두려움 속에 세상에 갓 태어난 아이는 생존을 위해 최선을 다하여 주변 환경에 즉시 적응하려 할 것이다. 환경정보를 두뇌 속에 신속하게 입력하여 생존 가능성을 최대화하는 방향으로 유전자를 변화 또는 적응시킨다고 본다. 세 살 적 버릇이 여든까지 간다는 말은 이 같은 현상을 두고 하는 말일 것이다. 세 살 적 버릇도 이렇게 큰 영향을 미치는데 태어날 때의 환경은 더욱 중요할 수 있다.

사주팔자는 '갑자(甲子)'와 같이 두 개의 글자로 이루어진 연월일시 4개의 요소로 구성된다. '갑(甲)'과 같은 첫 글자를 천간(天干), '자(子)'와 같은 뒷글자는 지지(地支)라고 한다. 만약 음력 1월에 태어나면 태어난 달의 지지가 인(寅)으로 표시된다. 만약 낮 12시에 태어나면 태어난 시의 지지는 오(午)가 된다. 이처럼 태어난 달과 시간은 지지(地支)를 통해 그대로 사주팔자에 반영된다. 겨울 생과 여름 생, 낮에 태어난 사람과 밤에 태어난 사람은 그 성향이 각각 다를 수 있다. 특히 계절은 신생아에게 상당 기간 지속해서 영향을 미친다. 태어난 달과 시간의 지지를 제외한 나머지 사주의 간지 6개는 우주 운동의 규칙성과 반복성에 기반하여 미리 정해진다. 우주 탐험과 같은 어려운 일들이 가능한 것은 우주는 규칙성이 있다는 것을 전제로 한다는 점을 생각하면 규칙성을 통해 간지가 정해지는 것도 받아들일 수 있다.

그리고 사람의 운세는 크게 보면 30년 단위로 바뀐다. 지지는 12개로 이루어져 있다. 이를 4계절로 나누면 계절당 3개의 지지가 배당된다. 대운은 각 지지가 사람에게 미치는 영향을 10년으로 계산한다. 대략 50년 정도 지나면 정반대의 운이 작용한다. 즉 겨울생은 여름의 환경이 되고 여름생은 겨울의 환경이 된다. 여기에 인생 반전의 묘미가 있다. "초년에 고생하나 나중에 성공하겠다"와 같은 운명 예측이 가능하다. 예를 들어, 겨울에 태어난 사람의 경우 겨울의 수(水)기가 강하므로 사주에 화기가 어느 정도 있어야 좋은데 화기가 부족할 경우 매사가 잘 풀리지 않고 힘이 들 수 있다. 그런데 중년이 되니 사주의 운세가 여름으로 바뀌고 부족한 화기를 얻어 인생 역전이 되는 경우가 발생한다. 반대로 겨울 생이 화기가 적정한 경우 초년에는 잘 나가다가 운세가 여름으로 바뀌면 과다한 화기로 인해 인생의 애로가 많아진다.

물론 개인의 사주팔자를 정확히 예측할 수 있는 것은 아니라고 본다. 개인의 운세뿐만 아니라 그가 속한 지역, 국가의 운세 등 더 큰 구조적인 운세가 절대적 영향을 미치기 때문이다. 예를 들어, 러시아의 우크라이나 침공을 보자. 이러한 국운의 변화는 개개인의 삶을 통째로 바꾸므로 개인의 운세도 환경적 더 큰 운세의 변화에 따라 바뀐다. 이러한 국운의 변화 등 다른 운이 변하므로 정확한 예측은 어렵지만, 개인의 타고난 기질과 향후 운의 방향은 어느 정도 해석이 가능하다고 본다.

그리고 사주 명리 공부를 통해 얻게 되는 가장 좋은 점은 신살 등을 언급하며 겁을 주는 엉터리 사주쟁이나 점쟁이의 거짓말에 속지 않게 된 것이다. 자연과 운명은 사람의 바람과 달리 무심하다는 것도 알게 되었다. 다만 자연의 규칙성과 반복성을 미리 알고 냉정하게 객관적으로 대처하면 된다. 예를 들어, 여름에는 태풍이 발생하므로 미리 침수에 대비하고 겨울이 오면 추우므로 미리 두툼한 옷을 준비해야 한다. 이미 자연은 규칙적인 패턴을 보여주었는데도, 이를 알아차리지 못한다면 우둔한 것이고 인생이 험난하게 된다. 자연도 우주의 일부이고 그 자연 속에 있는 인간도 우주의 일부이다. 그래서 자연에 적용되는 법칙은 인간에게도 적용된다고 본다. 예를 들어, 자연에는 '춘하추동'의 계절변화가 있다. 이에 익숙한 인간은 스토리 구성에 있어 '기승전결'을 당연하게 여긴다. 인간의 심리도 이와 유사하다. 예를 들어, 슬픔의 경우를 보자. 처음 발생했을 때 슬픔이 씨앗처럼 발생했다가(봄), 점점 더 커져 극심한 아픔으로 번진다(여름), 그런데 어느 정점의 순간이 지나면 갑자기 반전이 발생하여 슬픔이 승화되고(가을), 새로운 희망의 씨앗으로 저장된다(겨울).

한편으로 사람이 태어난 시점과 장소는 자연이 그 사람에게 주는 중요한 정보다. 이러한 정보를 잘 분석해서 사람의 기질과 인생의 행로를 미리 예견하고 최대한 지혜롭게 살고자 그 방법을 찾고자 한 것이 사주명리학이다. 어려운 일에 부닥치는 경우 신에게 기도하여 은혜나 축복 또는 기적을 바라기가 쉽다. 그런데 이러한 방식을 취하지 않고 인간 스스로 '격물치지'의 정신으로 자기의 기질과 운세의 흥망을 알아내고 이에 따라 인생행로를 설계하려는 인간의 위대한 노력이 느껴진다. 다만 유의할 점은 이러한 출생정보를 바탕으로 운명이 정해져 있다거나 매사의 길흉사를 맞출 수 있다고 보는 관점은 경계해야 한다. 계절은 매해 반복되지만 반복성이 있다고 해서 매해 같은 것은 아니다. 계절은 매해 다를 뿐만 아니라 항상 새롭다.

사주 명리를 통해 자기의 강점과 유의점을 알아내고 인생행로의 순환 사이클을 인식하면서 조심스럽게 미리 다가올 변화를 준비하고 변화에 적응한다면 지혜로운 삶을 살아갈 수 있다. 사주팔자 해석을 통해 자기 자신의 기질을 알게 되는 점도 좋다. 자기의 성격이나 태도가 타고난 기질에 따른 것이므로 자신을 책망할 이유가 없다. 다만 자기 기질의 장단점을 잘 알아차리고 슬기롭게 대처해 나가면 된다. 한발 더 나아가 그동안 잘 안 풀렸던 시절과 문제들이 있었는데 그 원인이 운의 행로에 따른 영향이었다는 점을 알게 되면 마음에 위안도 생긴다. 자기의 인생이 저주받은 것처럼 느꼈는데 운이 나빴을 뿐이고 향후 운이 바뀌면 죽을 것만 같은 어려움도 사라질 것이라는 기대감이 생기기 때문이다.

필자는 다른 사람의 사주팔자를 보아주는 것을 좋아한다. 다른 사람의 기질을 아는 것이 응대에 도움이 되고 답답한 문제가 있다면 잘 해석해 주고 싶어서이다. 이러한 과정에서 자주 반복적으로 듣는 질문 중 몇 가지에 대한 필자의 견해를 소개한다.

<참고 질문 1> 같은 시간에 태어난 같은 사주가 많은데 운명이 동일한가요?

- 동일한 시간에 동일한 장소에 태어난 사람은 한 사람뿐입니다. 사주는 기후와 직접적 연관이 있습니다. 한난조습(寒暖燥濕, 춥고 덥고 건조하고 습한 정도)을 중시하기 때문입니다. 따라서 동일 시간이더라도 장소가 틀리면 기질과 운명이 다르다고 생각합니다. 또한 태어난 시간을 2시간 단위로 나누는데, 이는 더 상세하게 나누면 너무 복잡해지므로 간편하게 분류한 것으로 봅니다. 사람이 태어난 일시는 건축에 있어 원본 설계도라고 생각하면 됩니다. 장소, 부모, 배우자 등이 영향을 미쳐 리모델링됩니다. 지역, 국가, 조직의 운세도 개인에게 영향을 미칩니다. 족집게 같은 운명 예측보다는 큰 틀의 운의 흐름과 자기 자신과 다른 사람의 기질을 알고 이를 지혜로 활용하는 자세가 필요합니다.

<참고 질문2> 관성이 있어야 출세하나요?

- 재(돈)와 관(직업)은 살아가는 데 있어 중요한 두 가지 축입니다. 그리고 돈은 학문성을 저해하고, 끼의 발산은 관을 훼손합니다. 명리학의 관점에서 재물 운에 학업성취를 이루기 어렵고 자기 발산의 끼가 많은 사람은 직장생활이 어렵습니다. 특히 관성은 나를 통제하는 브레이크 장치이므로 조직 생활의 성공을 위한 필수 요소 중 하나입니다. 통제가 아닌 나의 발산을 의미하는 것을 '식신'이라고 하는데, 식신유기(食神有機) 승재관(勝財官)이라는 말이 있습니다. 식신(발산)이 잘 구성된 경우 재와 관보다 더 높이 평가받습니다. 행정부 공무원이 관이라면 이들을 통제하는 식신은 정무직 또는 국회의원과 같이 더 높은 지위를 갖는 것으로 설명할 수 있습니다. 따라서 관성이 없다고 문제 되는 것이 아니라 사주 전체적인 유기성이 더 중요합니다.

<참고 질문3> 장소도 중요하나요?

- 남귤북지(南橘北枳)라는 말이 있습니다. 남쪽 땅의 귤나무를 북쪽에 옮겨 심으면 탱자나무가 된다는 뜻입니다. 이와 마찬가지로 사람도 태어나고 살아가는 장소가 중요합니다. 남자의 경우 본래 양인 화(火) 기질을 가지므로 음인 수(水)의 부족이 문제가 됩니다. 우리나라의 뛰어난 역학자인 이석영 선생님의 '사주첩경'에 따르면 남자가 수기가 극히 부족하면 수족 이상이 있다고 되어 있습니다. 필자가 주변 사람의 사주팔자를 보아주면서 수기가 극히 부족한 사주가 있길래 수족에 이상이 없냐고 물어보았더니 물어보던 분이 깜짝 놀랐습니다. 손가락에 장애가 있다고 했습니다. 여자의 경우 음의 기질을 가지므로 화(火)기가 부족하면 여성 병에 쉽게 걸리는 것을 통상 경험합니다. 수(水)가 부족한 남자의 경우 바닷가, 호수 등 물과 관련되어 장소를 택하는 것이 좋다고 봅니다. 화(火)가 부족한 여자의 경우 화기가 많은 따뜻한 곳의 거주지를 선택할 수 있습니다.

라. 일상에 적용해 보는 삼합의 원리

1년은 12달이고 각각의 달에 붙여지는 지지도 12개이다. 하루 24시간에 대해서는 2시간씩 12개의 지지가 붙는다. 12지지는 "자축인묘진사오미신유술해(子丑寅卯辰巳午未申酉戌亥)"이다. 그리고 이는 3개씩 삼합(三合)을 이룬다. 예를 들어, 화(火)기는 오(午)에서 절정인데 네 칸 앞에 있는 인(寅)에서 시작하여 네 칸 뒤에 있는 술(戌)에서 종료된다. 따라서 인오술(寅午戌)은 화기(火氣) 삼합을 이룬다. 그리고 목(木)은 해묘미(亥卯未), 금(金)은 사유축(巳酉丑), 수(水)는 신자진(申子辰) 삼합을 이룬다. 해묘미는 목의 봄기운이다. 이 봄기운은 겨울의 수(水) 기를 제압하고 나타난 것이므로 신자진수 기운보다 우위에 서게 된다. 그리고 이 봄기운은 자기의 정체성을 갖기 위해 겨울의 수 기운을 절대 용납할 수 없다. 다시 말하자면 봄의 목 기운은 겨울 수 기운에 대해서 선배로서의 위상을 가져야 하는 것이다. 이에 반해 해묘미 목기는 여름의 인오술 화기에 자리를 양보해야 하므로 인오술에 대해서는 열위에 선다, 즉 후배가 된다. 사유축 금기는 직접적인 관계를 맺지 않는 정반대의 기운이므로 방향이 엇갈리기 쉽고 상황에 따라 그 우위가 판단될 수 있다.

이러한 논리로 해묘미 → 인오술 → 사유축 → 신자진 → 해묘미의 순환 구조가 만들어진다. 여기에 띠를 대입해 보면 해묘미는 돼지·토끼·양띠, 인오술은 호랑이·말·개띠, 사유축은 뱀·닭·소띠, 신자진은 원숭이·쥐·용띠이다. 해묘미를 기준으로 설명해 보면 네 살 차이가 나는 돼지띠, 토끼띠, 양띠는 삼합으로 결집하는 동료에 해당한다. 호랑이띠, 말띠, 개띠는 선배 그룹이고, 원숭이띠, 쥐띠, 용띠는 후배 그룹이 된다. 그리고 뱀띠, 닭띠, 소띠는 정반대 기운의 그룹이다.

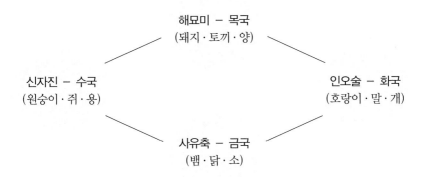

< 삼합과 띠의 관계표 >

해묘미 − 목국
(돼지·토끼·양)

신자진 − 수국
(원숭이·쥐·용)

인오술 − 화국
(호랑이·말·개)

사유축 − 금국
(뱀·닭·소)

인오술 띠의 입장에서 보면 해묘미 띠는 후배 그룹, 사유축 띠는 선배 그룹이다. 사유축 띠의 경우 인오술 띠는 후배 그룹, 신자진 띠는 선배 그룹이다. 신자진 띠의 경우 사유축 띠는 후배 그룹, 해묘미 띠는 선배 그룹이다.

삼합은 인간관계, 궁합 등에 그대로 적용할 수 있다. 네 살 차이는 궁합도 보지 않는다는 말이 있다. 삼합의 원리를 통해 보면 같은 기운을 가지기 때문이다. 과거 봉건시대에는 남자가 리더십을 가져야 하므로 남자가 선배 그룹의 띠를, 여자는 후배 그룹의 띠를 가지는 경우를 좋게 보았을 것이다. 그러나 요즘은 남녀평등의 친구 관계를 좋게 보므로 끼리끼리 잘 어울리는 네 살 차이는 궁합을 볼 필요가 없다는 말이 나오는 것으로 생각한다.

삼합의 원리는 남녀관계뿐만 아니라 모든 사람에게 적용될 수 있다. 예를 들어, 부하직원이 선배 띠인 경우에는 그 사람을 부하직원으로 대하지 말고 선배로 인식해야 한다. 그 부하직원은 내가 어떤 말을 하더라도 고분고분 잘 받아들이지 않는다. 선배를 대하듯이 존중해 주어야 한다. 그렇다고 선배 띠는 나에게 항상 불편한 것은 아니다. 내가 해결하기 어려운 문제가 발생하였을 때 선배 띠의 부하직원에게 그 해결을 부탁하면 된다. 그 부하직원은 마치 선배처럼 그 어려운 문제를 쉽게 해결해 줄 수도 있다. 반대로 후배 띠인 부하직원의 경우 내가 어떤 일을 주도할 때 잘 따른다. 그 대신 후배 띠가 해결하지 못하는 문제는 내가 해결해야 한다. 어떤 모임의 구성이 후배 띠가 많은 경우 내가 주도하는 일에 대해 쉽게 지지를 얻을 수 있다. 반대로 선배 띠가 많은 경우 내가 주도하면 반응이 좋지 않을 수 있으므로 그 사람들의 의견을 듣고 수용하는 방식이 좋다.

필자는 이 같은 삼합의 원리를 사람의 궁합 관계, 주도 관계 등에 적용해 보는데 신기하게도 잘 맞는다고 생각한다. 태어난 날을 중심으로 해석하는 사주팔자의 해석도 중요하지만 태어난 해도 상당한 패턴을 갖는다. 입시제도 변경이 생기면 같은 띠의 사람들이 공통으로 그 적용을 받는 등 같은 띠의 사람들은 공통적인 운의 패턴을 갖기 쉽다. 우리나라의 경우 전쟁 후 복구와 산업화 과정에서 58년 개띠생은 고생의 대명사로 불리기도 한다. 명리학적으로 개띠는 그 내면에 양기를 품고 겨울의 추위를 버텨서 그 양기를 다음 해 봄에게 넘겨야 하는 숙명을 지닌다. 다른 말로 표현하자면 술(戌)월은 음력 9월에 해당하고 인오술 화국의 일원으로서 음력 10~12월의 추운 겨울 3개월을 잘 견디고 다음 해인 인(寅) 월에게 화(火)기를 전달해야 하는 임무를 지닌다. 삼합의 원리상 화(火)의 기운은 술 월에 갈무리되어 인 월에 다시 점화되고 오월에 정점에 다다르는 속성을 지니기 때문이다. 그리고 남자는 본래 양기가 왕성하여 음의 기운을 취하는 것이 좋은데 술(戌)은 화(火) 양기에 속하므로 남자 개띠(戌년생)는 음의 덕을 많이 입지 못한 채 불씨까지 지켜야 하는 어려운 일을 맡게 된다는 해석이 가능하다.

마. 여몽정의 '파요부' 소개

북송 시대의 명재상 여몽정이라는 사람이 있다. 그는 깨진 기와 옆에서 기거하며 궁핍하게 살다가 과거에 급제하여 후덕하고 강직한 명재상이 된 인물이다. 여몽정이 지은 운명 이야기 '파요부(破窯賦)'의 일부를 소개한다. '파요'는 깨진 도기가 있는 장소라는 뜻이다. 인생이 극적으로 반전된 경험이 있는 여몽정은 시(時)·운(運)·명(命)의 관점에서 인생을 바라보았다. 빈천이 다하면 부귀가 시작되고 부귀가 다하면 빈천이 온다는 천지 순환의 관점이다.

(앞부분 생략)

내가 예전 낙양에서 지낼 때
낮에는 절에서 지냈고
저녁에는 추운 도자기 굴에서 지냈다.

옷은 몸을 다 가릴 수 없었고
멀건 죽으로 배고픔을 충족시킬 수 없었다.
높은 신분의 사람들은 나를 미워했고
신분이 낮은 사람들은 나를 억누르려 하였다.
모두 나에게 천하다고 말하였다.
그러나 나는 말했다. 나는 천한 것이 아니고
주어진 시(時)와 운(運)과 명(命)이 그러한 것뿐이다.

내가 과거에 등과하여
최고 품계인 삼공의 지위에 도달하니

만조백관을 통솔할 수 있게 되었고
생사여탈의 칼을 가지게 되었다.
밖으로 나갈 때는 장사들이 호위하고
집으로 들어오면 가희들이 받들어 모셨다.

옷을 생각하면 능라의 비단이 있고
먹을 것을 생각하면 진수성찬이 있었다.
높은 신분의 사람들은 나를 총애하고
낮은 신분의 사람들은 나를 받들었다.
모든 사람이 나를 흠모하고 귀하다고 말하였다.

그러나 나는 말했다. 이것은 귀한 것이 아니고
주어진 시(時)와 운(運)과 명(命)이 그러한 것뿐이다.

사람이 세상을 살아가는 동안
부귀를 절대적으로 받들거나
빈천을 업신여기는 것 또한 옳지 않다.

그저 이것은 천지의 순환에 따른 것으로
끝은 다시 시작으로 연결되기 때문이다.

참고
문헌

IIA, International Professinal Paractices Framework(2017 Edition)

IIA, The IIA's Global Internal Audit Competency Framework(2013)

IIA, Practice Guide: Talent Management — Recruiting, Developing, Motivating, and Retaining Great Team Members(한국감사협회 한글판)

감사원, 사전컨설팅 및 적극행정면책 사례집(2021)

감사원, 경기도 감사개혁 이야기: 사전컨설팅 감사가 뭐예요?(계간감사 2016 신년호)

경기도, 사전컨설팅 감사 편람(2018)

경기도, 2021 경기도 공동주택관리 감사 사례집(2021)

한국행정연구원, 공공리더십 교육을 위한 창의적 리더십 사례: 중앙정부의 공무원을 대상으로(2019)

한국행정연구원, 우수 정책사례 관리·확산 방안 연구과제 최종보고서(2015)

에필로그

사전컨설팅 감사제도의 도입으로 공직자들은 기존의 사후 적발 감사로 부터 다소 해방되었다. 사후 적발보다는 사전예방과 조언으로 관심을 돌리게 되어 소통적인 감사문화도 형성되었다. 모든 공공기관에 사전컨설팅 감사제도가 도입되었으나 아직도 사후적발 감사문화로 인해 형식적이고 어색하다.

사전컨설팅 감사제도는 감사실의 자기희생과 헌신, 문제해결 역량 그리고 적극행정 마인드가 있어야 제대로 작동된다. 사전컨설팅 감사는 남의 일이었던 것을 나의 일로 가져와 해결하는 제도다. 이러한 마인드가 확산되면 자기가 해야 할 업무도 각종 핑계를 대고 다른 부서나 다른 사람에게 미루는 현상이 사라질 것이다. 문제해결 능력이 중시되고 행정의 전문성이 향상된다. 고객인 국민의 불편과 애로사항을 해소하려는 것이므로 고객중심 행정으로 바뀐다. 또한, 공직자의 복지부동을 그들의 책임으로 돌리지 않고 소극행정을 할 수밖에 없는 구조를 분석하여 이를 근본적으로 해결하기 위해 감사관실이 나서는 파격정신이 있다.

상자 안에서 뱅뱅 도는 도돌이표 식의 책임전가가 아니라 상자 밖으로 나와 문제를 근본적으로 해결한 것이다. 최고 감사책임자인 감사관이 모든 부담을 안고 '솔선수범'을 하는 리더십도 있다. 사전컨설팅 감사제도를 단순 제도가 아닌 마인드 측면에서 살펴보면 약자(일선 공무원)에 대한 보호, 책임자의 리더십, 고객중심 행정, 근본 처방과 문제해결 중시 등 우리나라의 행정이 일류가 되기 위해 확산시켜야 수많은 '키워드'를 포함하고 있다.

정부가 주기적으로 규제완화에 힘을 쓰는 것은 세월의 흐름에 따라 쌓여가는 각종 법규가 민간의 창의성과 활력을 떨어뜨리는 경향이 있기 때문이다. 이제는 정부 내부의 사정도 살펴보아야 한다. 정부 내부의 대표적 규제는 감사다. 감사를 바꾸면 행정이 바뀌고, 행정이 바뀌어야 우리나라가 또 한 번의 도약을 이룰 수 있다. 감사를 바꾸는데 큰돈이 드는 것은 아니다. 다만 마인드의 전환이 필요하다. 상자 밖으로 나와서 보아야 문제가 풀린다.

제일 먼저 사후 처벌 목적의 감사에서 예상성과 감사로, 일방적 감사를 배려감사로 바꾼다. 그리고 각 기관에 설치되어 있는 자체 감사실에서 행정애프터서비스 센터 기능을 수행한다. 각종 민원을 국민과 기업의 관점에서 처리하고, 여력이 된다면 관내 기업에 대해서는 찾아가는 행정서비스를 제공한다. 기업하기 좋은 나라를 만들기 위한 행정체계가 구축된다.

국가 사회 전반적으로 객관성을 높여 각종 분쟁이나 감사거리를 사전에 없애도록 노력한다. 법규를 최대한 명확하게 만들고 다수인 관련 불편 애로사항에 대해서는 공적 관심을 갖고 사업추진의 토대가 되는 객관성이 중요한 분야는 행정인프라로 규정한다. 국가 감사역량체계를 고도화하여 감사 마인드를 전환시키는 한편 문제해결 역량이 있는 전문 감사인력을 양성한다.

공직사회 전반에 문제해결 성과주의 문화를 확산시키기 위해 차관 이하 공직자에 대해서는 파격적인 성과급제도를 도입한다. 다른 다양한 개선대안이 있을 수 있으나 감사기능의 개혁을 통해 문제해결형 정부를 만들려는 관점에서 보면 기본적으로 추구해야 할 정책방향이다.

필자는 감사원 출신이지만 지방자치단체, 공공기관의 감사책임자 경험을 함으로써 위에서 아래를 보는 감사 시각 외에도 아래에서 위를 보는 감사 시각도 갖게 되었다. 감사는 의료에 비유하자면 필요한 의약품이지만 사용에 따른 부작용도 있으므로 필요 이상의 약물투입을 금지함으로써 공직사회가 부작용 없이 늘 건강과 활력을 유지하도록 해야 한다. 창의성과 자율성이 민간의 핵심가치라면 적극성을 통한 공공 문제해결이 공직사회의 존재 이유다.

감사가 더이상 공직사회의 적극성을 해쳐서는 안 되고 오히려 장려할 수 있도록 설계되어야 한다. 제도개혁은 선택이다. 장단점이 있기 때문이다. 어떤 선택을 할 것인지는 우리에게 달렸다. 공직자를 불필요한 감사에서 해방시키고 당당하게 만들어 국민과 함께 '댄싱'하게 만들자. 국민 만족과 행복이 높아지고 살고 싶은 나라가 된다.

끝으로 사전컨설팅 감사제도 도입 초기의 어려움을 함께 극복하고 사전컨설팅 감사를 전국에 전파한 경기도 감사관실 직원들 그리고 사전컨설팅 감사 등 적극행정 마인드 제고를 위해 최선을 다하고 있는 한국콘텐츠진흥원 전영환 감사실장을 비롯한 감사실 직원들에게 이 자리를 빌어 감사의 말씀을 드린다.

저자소개

전본희

미국 듀크대학교 정책학 석사
서울대학교 행정대학원 행정학 석사
목포대학교 경제학과 학사

제38회 행정고시 재경직 합격
1995~2022: 감사원 27년 재직 후 고위감사공무원으로 명예퇴직
(2013. 7. ~ 2015. 12. 개방형 경기도 감사관으로 재직)
2022. 3. ~ 현재. 한국콘텐츠진흥원 상임감사
- 2005년 감사업무유공 대통령 표창
- 2015년 지방규제개혁유공(구 섬김이 대상) 대통령 표창
(경기도 감사관 재직시 사전컨설팅 감사제도 최초 도입, 청와대
영빈관 초청 표창)
강사: 국민권익위원회 청렴연수원 등록 청렴전문강사

공무원을 춤추게 하면 국민이 행복하다

초판발행   2023년 7월 31일

지은이   전본희
펴낸이   안종만·안상준

편 집   사윤지
기획/마케팅   박부하
표지디자인   Benstory
제 작   고철민·조영환

펴낸곳   (주) 박영사
           서울특별시 금천구 가산디지털2로 53, 210호(가산동, 한라시그마밸리)
           등록 1959. 3. 11. 제300-1959-1호(倫)

전 화   02)733-6771
f a x   02)736-4818
e-mail   pys@pybook.co.kr
homepage   www.pybook.co.kr
ISBN   979-11-303-1781-6   93350

정 가   15,000원